Leopold Löw, Ignatz Hirschler

Jüdische Dogmen

Leopold Löw, Ignatz Hirschler

Jüdische Dogmen

ISBN/EAN: 9783743351028

Hergestellt in Europa, USA, Kanada, Australien, Japan

Cover: Foto ©ninafisch / pixelio.de

Manufactured and distributed by brebook publishing software (www.brebook.com)

Leopold Löw, Ignatz Hirschler

Jüdische Dogmen

Jüdische Dogmen.

Offenes Sendschreiben

an den Herrn Dr. Ignatz Hirschler, Eigenthümer des „Izraelita Közlöny."

Von

Leopold Löw.

Pest, 1871.

Verlag von L. Aigner.

Jüdische Dogmen.

Vorerinnerung.

Die in meinem vor Kurzem erschienenen Buche *) enthaltenen historischen Photographien scheinen nicht mißlungen zu sein. Zu dieser Annahme berechtigen mich alle mir bisher zu Gesichte gekommenen Beurtheilungen meines Buches. Indem ich den betreffenden Recensenten meinen aufrichtigen Dank zu erkennen gebe, kann ich nicht umhin, die Loyalität des „Israelita Közlöny" besonders zu rühmen.

Die kongreßtreuen Leser meines Buches haben ohne Zweifel erwartet, daß ihr officielles Organ den wesentlichen Punkten meiner Kritik energisch entgegentreten werde, um die öffentliche Meinung vor Irreleitung zu bewahren. Hierin entsprach aber das Organ durchaus nicht der gehegten Erwartung. Die wichtigsten Positionen gab es ohne Schwertstreich auf. Es war loyal genug, stillschweigend anzuerkennen, daß die Kongreßidee einen wohlgemeinten, aber utopischen Ursprung hatte; — daß man im Kultusmini-

---

*) Der jüdische Kongreß in Ungarn, historisch beleuchtet. Beitrag zur Rechts-, Religions- und Culturgeschichte. Von Leopold Löw. Pest, 1871. Verlag von L. Aigner. 8. XVI. 336. Inhalt: Vorrede. Einleitung. 1. Das erste Triennium der kongreßlichen Organisation. 2. Beschluß des ung. Repräsentantenhauses über die Durchführung des Kongreßstatuts. 3. Gesetzvorschlag v. 1792. 4. Bemerkungen über diesen Gesetzvorschlag. 5. Gesetzentwurf der Regnikolardeputation von 1792. 6. Petition v. 1807. 7. Erläuterungen dazu. 8. Protokoll der Zirkulardeputation v. 1807. 9. Majestätsgesuch v. 1807. 10. Handhabung der jüdischen Kirchenzucht. 11. Petition v. 1811. 12. Der Reichstag von 1825—1827. 13. Rapoch's Organisationsprojekt. 14. Chorin's Projekt. 15. Prinzipielle Verwandschaft beider Entwürfe. 16. Die Pester Gemeinde in den zwanziger Jahren. 17. Gesetzentwurf v. 1831. 18. Separatvota 19. Eine jüdische Stimme. 20. Latente Reform. 21. Erwachendes Mißtrauen der Orthodoxen gegen die Reformer. 22. Das Preßburger Parnaßimthum. 23. Das Parnaßimthum in Pest. 24. Der erste Anlauf zur Emanzipation. 25. 1840–1850. 26. Organisationsentwürfe. Confessio fidei. 27. Ideale der Reformer und Orthodoxen. 28. Entwurf von 1851. 29. die Freisinnigkeit des Parnaßimthums. 30. Aeußerungen des königl. ung. Kultusministers. 31. Das Schulstatut des Kongresses. 32. Tröstet, tröstet mein Volk. 33. Ein Blick in die Zukunft. — Namensverzeichniß.

sterium über die kirchliche Organisation der Juden dilettirte; — und daß das kongreßliche Schulstatut trotz seiner „höheren Schulbehörden" eben nicht von schulmännischer Sachkenntniß diktirt wurde. Um sich für diese bedeutende Gebietsabtretung zu entschädigen, unternahm es einen Einfall in das Gebiet der Theologie, um mich hier seine Ueberlegenheit fühlen zu lassen. Ueber den Erfolg dieser strategischen Operation mögen folgende Blätter Auskunft geben.

Enragirten Parteimännern werden wol auch diese geschichtlichen Aufklärungen schwerlich willkommen sein; es gehört aber eben zu den unerläßlichen Aufgaben der Geschichte, sich von keiner Partei in's Schlepptau nehmen zu lassen. Ich bin so glücklich, mein Streben, dieser Aufgabe gerecht zu werden, von der kompetentesten Seite anerkannt zu sehen. Da nämlich mein Buch Thatsachen, Erscheinungen und Parteikämpfe bespricht, welche ihren Hauptmomenten nach in das Gebiet der Völkerpsychologie gehören, so ist wol Niemand kompetenter, als Lazarus, ein Urtheil darüber abzugeben. Der berühmte Völkerpsycholog besitzt philosophischen Gleichmuth genug, um nicht ungehalten darüber zu sein, daß ich sein an mich gerichtetes Privatschreiben der Oeffentlichkeit übergebe. Diejenigen, welche sein Werk „Das Leben der Seele" und seine mit Steinthal gemeinschaftlich redigirte „Zeitschrift für Völkerpsychologie und Sprachwissenschaft" näher kennen, werden sich, wie ich hoffe, durch seine Zeilen angeregt fühlen, die Akten ohne vorgefaßte Meinung einer neuen Prüfung zu unterziehen, um sich über den Ursprung, das Wesen und die Wirkungen des Kongresses ein unbefangenes, parteiloses Urtheil zu bilden. Das Schreiben lautet, wie folgt:

„Berlin, 14. Dez. 1870.

Mein theurer und verehrter Freund!

Ein geringfügiges, aber peinliches und hemmendes Gesichtsleiden hat mich seit einiger Zeit am Schreiben gehindert, sonst hätte ich Ihnen längst dankbar den Empfang Ihrer gütigen Sendung angezeigt.

Nehmen Sie jetzt, da der Arzt mir wieder gestattet, ein wenig die Feder zu führen, vor Allem meinen herzlichen Dank für die treue Art, mit der Sie meiner gedenken. . .

. . . .

Von Ihrem „Beitrag zur Rechts-, Religions- und Kulturgeschichte" habe ich bis jetzt nur flüchtige Kenntniß genommen. Das geringe Leiden hat auf ärztlichen Rath doch meine Arbeitszeit sehr beschränkt, um wie viel mehr meine Muße, der allein ich eine so wohlthuende, aber von meinen zeitigen Studien abliegende Lektüre gönne. Es wäre geradezu anmaßend von mir, wollte ich mir ein Urtheil über Ihr Werk nach so flüchtiger Kenntniß erlauben. Aber daß ich die wirkliche historische Methode darin erkannte, daß ich die psychologische Feinheit und Sicherheit in der Kennzeichnung und Würdigung der Parteitendenzen bewundert habe, das darf ich schon heute sagen. Wie treffend wirkt die philologische Notiz S. 320! wie viel Licht muß sie verbreiten über eine Frage, die so viel dunkles Hin- und Herreden veranlaßt hat.

Ich habe von der psychologischen Sicherheit gesprochen, mit der Sie die Parteien beurtheilen und sich dadurch über sie stellen. Aber lassen Sie mich nicht verschweigen, daß ich als die wesentliche Quelle derselben die hohe Gerechtigkeit anerkenne, welche Ihre psychologische Beobachtung leitet. Nur unter solcher ethischer Führung kömmt die Intelligenz an das Ziel eines wahren Urtheils.

Wenn doch viele unserer hochgelehrten Herren Theologen sich dieses Sinnes für Gerechtigkeit erfreuten! Dann stände es besser um ihren Einfluß auf die Fortbildung der Parteien.

Leben Sie wohl! und haben Sie nochmals herzinnigen Dank von

Ihrem treu ergebenen

Lazarus."

So Lazarus. Er fodert Gerechtigkeit, historische und psychologische Gerechtigkeit, gegen jede Partei. Ihm ist aber das Judenthum keine bloße Verwaltungsangelegenheit. Er war Präsident der Leipziger Synodalversammlung. Am Schlusse derselben sagte er unter Anderm: „M. H. Abschaffen wollen wir freilich: abschaffen wollen wir den Indifferentismus, abschaffen wollen wir die Ignoranz. Damit allein ist es nicht gethan; wir bedürfen auch der Reform. Wir ehren das Alte! die wahre Ehre desselben ist aber, daß wir es pflegen; nicht daß wir es verkommen lassen. Ein

Winzer weiß, daß wenn sein Weinstock Früchte bringen soll, gute und viele Früchte, er die geilen Schößlinge des Weinstocks beschneiden muß, daß er nicht in's Holz schieße. Aber er weiß auch, daß wenn er alle Zweige abschneidet, der Stamm verdorrt." Die kongreßlichen Arbeiter im ungarischen Weinberge des Herrn hören mit Entsetzen eine solche Sprache: „Wir bedürfen keiner Reform; wir sind Alle orthodox!!"

Szegedin, 18. Dezember 1870.

Geehrtester Herr Doktor!

Da ich bei Abfassung meines Buches „Der jüdische Kongreß in Ungarn" nicht gelehrte Theologen, sondern gebildete Geschichtsfreunde überhaupt im Auge hatte, und theologische Erörterungen vermeiden wollte; fand ich es angemessen, die in den Diskussionen über den Kongreß zu wiederholten Malen ventilirte Dogmenfrage nur kurz zu berühren. Für meinen Zweck schien es mir hinreichend, an Luzzatto und Zunz zu erinnern: ersterer lehrte die dogmatische Theologie des Judenthums ein Menschenalter hindurch thatsächlich an der Rabbinerschule zu Padua; lezterer vindicirte dem Judenthume eine Dogmengeschichte. Eine solche ist aber ohne Dogmen natürlich gar nicht denkbar! [1]) Weit entfernt, bei meinen Lesern einen blinden Autoritätsglauben vorauszusetzen, hielt ich mich doch zu der Erwartung berechtigt, daß denkende Freunde der jüdischen Literatur und Geschichte nicht anstehen werden, die gewichtige Kompetenz der von mir angeführten Gewährsmänner anzuerkennen.

Aus welcher Quelle wird wol der zuverläßigste und befriedigendste Aufschluß über die Frage geschöpft werden können? Offenbar aus der jüdischen Literatur, dem reichen Depositorium jüdischer Geisteserzeugnisse. Spricht diese klar und unzweideutig gegen die Dogmenlosigkeit, so muß die Frage endgiltig in diesem Sinne entschieden werden. Nun sind aber Luzzatto und Zunz allgemein als äußerst gründliche Kenner der jüdischen Literatur bekannt!

Ich sehe mich jedoch in meiner Erwartung getäuscht. Ihrem geschäzten Blatte haben mindestens meine Gewährsmänner nicht imponirt. Einer Ihrer theologischen Mitarbeiter trat entschieden, ja mit einer gewissen Energie für die Dogmenlosigkeit in die Schranken, wobei er es für angemessen hielt, Samuel David Luzzatto mit vornehmer Geringschätzung zu behandeln, und Zunz nicht einmal der Erwähnung zu würdigen!

Nichtsdestoweniger richtet er die freundliche Aufforderung an mich, die Wortführer der Dogmenlosigkeit des Judenthums eines Bessern zu belehren: eine Aufforderung, die viel zu schmeichelhaft für mich ist, als daß ich mich nicht beeilen sollte, derselben nachzukommen. Ihr Mitarbeiter plaidirt für seine These nicht nur in seinem eigenen Namen, sondern zugleich auch im Namen der Kongreßmajorität und ihrer Anhänger. Ja, er versichert sogar, daß diese sehr ansehnliche und sehr achtbare Partei „das Prinzip der Dogmenlosigkeit des Judenthums als höchsten Satz in ihr Programm aufgenommen hat." ²)

Ich muß nun zwar gestehen, daß ich mich nicht erinnere, diese Enunciation in einem Programme der Fortschrittspartei gelesen zu haben. Allein wenn ich mir auch einbilde, in der jüdisch-dogmatischen Literatur eine umfassendere Belesenheit zu besitzen, als Ihr dogmenfeindlicher Mitarbeiter, so bin ich doch weit entfernt, mich in der Kenntniß der Kongreßliteratur mit ihm zu messen. „Das Judenthum kennt keine Dogmen!" Dies ist also der höchste Satz in dem Programme der Partei, deren Führerschaft Ihnen, geehrtester Herr Doktor, von Freund und Feind zuerkannt wird. Sie werden mir's daher zu Gute halten, daß ich mir die Ehre gebe, die in Ihrem geschäzten Blatte von mir geforderte Belehrung an Ihre werthe Adresse gelangen zu lassen.

Um zu einer wissenschaftlich befriedigenden Lösung der vorliegenden Frage zu gelangen, muß man dieselbe von allen Seiten betrachten, und daher nachstehende Gesichtspunkte in Erwägung ziehen: 1. den **exegetischen**, 2. **philosophischen**, 3. **theologischen**, 4. **geschichtlichen**, 5. **rituellen**, 6. **pädagogisch-didaktischen** und 7. **liturgischen** Gesichtspunkt. Gestatten Sie mir, jedem dieser Gesichtspunkte einige Worte zu widmen.

1. Der exegetische Gesichtspunkt.

פתח דבריך יאיר מבין פתיים.
Pf. 119, 130.

Aufmerksamen Bibellesern, gelehrten und ungelehrten, ist es hinlänglich bekannt, daß die heiligen Religionsurkunden Israel's historische, doktrinelle, legislative und prophetische Elemente enthalten.

Diese verschiedenen Elemente sind in den heiligen Offenbarungsschriften selbst nicht von einander getrennt und geschieden. Dasselbe gilt ja auch von den verschiedenen Reichen, Gattungen und Arten in der Natur, welche im Sinne der Propheten und Psalmisten ebenfalls ein Buch göttlicher Offenbarung ist. Die Naturgeschichte hält aber die drei Naturreiche auseinander, um Mineralien, Pflanzen und Thiere in einer gewissen systematischen Ordnung kennen zu lehren.

Die Bibel ist seit langer Zeit Gegenstand einer ähnlichen Behandlung. Die auf mannigfache Weise durchgeführte Darstellung der biblischen Geschichten, Lehren, Gesetze und theilweise auch der Prophezeiungen hat eine sehr ansehnliche Literatur erzeugt, welche nichtsweniger als abgeschlossen ist.

Einer mangelhaften, von Vorurtheilen befangenen Naturforschung blieb Vieles verborgen, was in der Natur wirklich vorhanden ist; dafür entschädigte sich dieselbe durch die Annahme von Eristenzen, die in der Natur selbst nicht zu finden sind. Die Geschichte der Eregese weiß von analogen Erscheinungen zu erzählen: Nicht immer fand man in dem Bibelworte, was darin lag; nicht immer lag in demselben, was man darin fand. Eine wissenschaftliche Darstellung der verschiedenen, in der Bibel enthaltenen Elemente wird sich daher der Leitung einer gesunden Eregese anvertrauen müssen, welche beflissen ist, den Sinn der Schrift so nachzukonstruiren, wie er ursprünglich gemeint war. Allein kein besonnener Ereget kann die Anschauung Ihres theologischen Mitarbeiters theilen, nach welcher „der ganze Inbegriff unseres credo auf den höchsten Lehrsatz aller Religion hinausläuft der Ewige unser Gott ist ein einziger Gott!" Ihr geschäzter Mitarbeiter hat hier sachlich und sprachlich geirrt: sachlich, weil diese höchste Lehre keineswegs den ganzen Lehrgehalt der Bibel erschöpft; sprachlich, weil die Uebersetzung der angeführten Bibelworte lauten muß: „Der Ewige ist unser Gott, der Ewige ist einzig!"

Seit den achtziger Jahren des vorigen Jahrhunderts ist der Lehrgehalt der Religionsurkunden Israel's von protestantischen Schriftstellern zu wiederholten Malen systematisch dargestellt worden. Manche dieser Autoren befleißen sich, trotz ihrer Befangenheit in gewissen Punkten, einer objektiven Exegese, die alle Anerkennung verdient. Der Erkenntnißbaum ihrer biblischen „Theologie" oder „Dogmatik" ist viel fruchtreicher, als der Ihres geschäzten Mitarbeiters. Der Blick eines jüdischen Exegeten sieht also hier nicht so klar, wie der christlicher Exegeten. Ist dies nicht eine niederschlagende Erscheinung?

Wer von den Lehren des Judenthums spricht, muß sich dabei seines Zweckes, seiner Absicht und Tendenz, bewußt sein. Die Propheten und Psalmisten verweilen oft bei der Lehre von Einem Gotte, weil es ihnen hauptsächlich darum zu thun ist, den Gegensatz der Religion Israel's zu den ethnischen Religionen hervorzuheben. Eine gleiche Wahrnehmung bietet die synagogale Poesie dar.

In neuerer Zeit hat Saalschütz auf den Gegensatz hingewiesen, in welchem der Monotheismus in sittlicher Beziehung zu dem Polytheismus steht.³) Wo es sich aber nicht nur um diesen Gegensatz allein, sondern auch darum handelt, daß „der ganze Inbegriff unseres credo", mithin jedenfalls der gesammte Lehrgehalt der heiligen Schriften präcis ausgedrückt werde, dort darf man sich auf die große monotheistische Wahrheit nicht beschränken. Warum nicht? Aus dem einfachen Grunde, weil die Propheten und Psalmisten als Verkünder religiöser Lehren sich ebenfalls nicht auf diese große Wahrheit allein beschränken. Indem Ihr geschäzter Mitarbeiter dies indirekt in Abrede stellt, geräth er nicht nur mit Luzzatto und Zunz in Widerspruch. Denn wenn auch über den Sinn einzelner, auch doktrineller Bibelstellen verschiedene Meinungen geltend gemacht wurden und werden, so ist es doch unleugbar, daß nicht alle doktrinellen Stellen der Bibel ausschließlich die Einheit Gottes lehren. Die Einheit Gottes ist die Grundfeste des Lehrgebäudes der jüdischen Religion, aber nicht das ganze Lehrgebäude! — Ihr theologischer Mitarbeiter findet eine systematische Darstellung des biblischen Lehrgehaltes überhaupt unzulässig. Seine hierauf bezüglichen Worte lauten: „Das Judenthum, von welchem unsere Propheten sprachen, wird zur Menschensatzung, sobald es die edelsten Resultate des menschlichen Denkens durch Gott, die reinsten Gefühle und Regungen unseres Herzens, den unmittelbarsten Inhalt unseres jüdischen Ich, in mechanisch nebeneinander gereihte Paragraphen kleidet."

Viel Pathos, aber auch viel — Unsinn!

Der Unsinn kulminirt in dem „unmittelbarsten Inhalte unseres jüdischen Ich."

Das Ich spielt, wie Sie wissen, in der Wissenschaftslehre Fichte's eine sehr wichtige Rolle. Mit der Unterscheidung des reinen oder absoluten, von dem empirischen oder relativen Ich, kann sich auch der Nichtphilosoph mit leichter Mühe befreunden. Aber ein eigenthümlich konfessionelles, ein jüdisches Ich ist in der That eine höchst originelle Invention! Welchen Begriff soll man damit verbinden, was soll man darunter verstehen, welche Attribute soll man sich dabei denken?

In seinem Grundriß der Eigenthümlichkeiten der Wissenschaftslehre lehrt Fichte: „Das Ich soll sich als beschränkt setzen!" — Das jüdische Ich Ihres Mitarbeiters kann dieser Vorschrift entrathen: indem es sich sezt, zeigt und bekundet es schon seine Beschränktheit!

Der Denkende und Kundige läßt sich durch solchen Unsinn natürlich nicht irre machen. Er weiß, daß die Religionslehren des Judenthums allerdings darstellbar sind, wie sie denn auch mit mehr oder minder glücklichem Erfolge faktisch dargestellt worden sind.

2. Der philosophische Gesichtspunkt.

והחכמה מאין תמצא ואיזה מקום בינה

Job. 28, 12.

„Aber die Religionslehren des Judenthums sind so beschaffen, daß sie sich der menschlichen Vernunft als evidente Wahrheit aufdrängen, ohne der Aeglde einer höhern, göttlichen Offenbarung zu bedürfen. Daher kennet das Judenthum keine eigentlichen Dogmen, d. i. keine Lehren, welche unbekümmert um ihre Vernunftgemäßheit, oder gar mit dem Geständnisse auftreten, daß ihre Erkenntniß der sich selbst überlassenen Vernunft unzugänglich ist, so daß sie von einer höhern, göttlichen Offenbarung erschlossen werden mußte."

So ungefähr lautet das Raisonnement der jüdischen Dogmenlosigkeit, welche bekanntlich zuerst durch Moses Mendelssohn zum Ausdrucke gelangte. „Ich erkenne", sagt Mendelssohn, „keine andere ewige Wahrheiten, als die der menschlichen Vernunft nicht nur begreiflich, sondern durch menschliche Kräfte dargethan und bewährt werden können."⁴) Damit hängt sein Ausruf zusammen: „Unter allen Vorschriften und Verordnungen des mosaischen Gesetzes lautet kein einziges: du sollst glauben, oder nicht glauben, sondern alle heißen: du sollst thun, oder nicht thun! Dem Glauben wird nicht befohlen; denn der nimmt keine andere Befehle an, als die den Weg der Ueberzeugung zu ihm kommen."⁵) In diesem Sinne sagt auch Ihr geschätzter Mitarbeiter: „Ein Dogma will bekannt, geglaubt werden. Der Standpunkt des Judenthums ist nun einmal, daß nicht Glauben, sondern die Ausübung der herkömmlichen Stammestugenden und Gebräuche rechtfertigt."

Diese Aeußerung beweist, daß ihr Urheber die Erörterungen nicht kennt, welche Mendelssohn's Jerusalem bald nach seinem Erscheinen und besonders in der neueren Literatur hervorrief. Ich empfehle ihm, sich nachträglich damit vertrant zu machen, und gestatte mir hier nur folgende kurze Belehrung.

Die deistische Weltanschauung des Philosophen Mendelssohn ging mit der deistischen Weltanschauung des Juden Mendelssohn Hand in Hand. Was ihn seine Metaphysik lehrte, fand er in der Bibel vorausgesezt. Dazu kam noch der Umstand, daß christliche Proselytenmacherei ihm, dem edlen Vorkämpfer der Denk- und Gewissensfreiheit, zumuthete, sich eben deßhalb vom Judenthume loszusagen, da der Jude dieser Freiheit fremd und fern bleiben müsse.

Indem Mendelssohn diese Zudringlichkeit zurückwies, blieb er nicht bei der Defensive stehen; er ging zur Offensive über. Er begnügte sich nicht mit dem Nachweise, daß sich seine väterliche Religion recht wohl mit der Denk= und Gewissensfreiheit vertrage; vielmehr wollte er das Judenthum als den eigentlichen Boden dieser Freiheit anerkannt wissen. Das Judenthum, sagt er, fodert gar keinen eigentlichen religiösen Glauben. Es will nicht für eine geoffenbarte Religion gelten, wie das Christenthum; allgemeine Religionslehren, „ewige Wahrheiten", können gar nicht offenbart werden. Das Judenthum kennet nur geoffenbarte Geschichtswahrheiten und geoffenbarte Gesetze. Für diese nimmt es unbedingten Gehorsam in Anspruch. Glaube und Glaubensartikel sind dem „alten Judenthum" fremd.

Mendelssohn's Theorie vom religiösen Glauben wirkte zündend auf die gebildetere jüdische Jugend. Die Wärme, mit welcher er seine Ueberzeugung ausspricht, kann auch jetzt ihre wohlthätige Wirkung nicht verfehlen. Allein die Gründe, auf denen diese Ueberzeugung ruhte, erwiesen sich nicht als haltbar. Die von Leibniz, den englischen Deisten und Reimarus errichteten und von Mendelssohn weiter ausgebauten Forts wurden das Opfer der Kantischen Mitrailleusen! Diejenigen Juden, die die Mendelssohn'sche Theorie noch jetzt in ihrer vollen und ungeschmälerten Integrität bewahren wollen, müssen sich entschließen, Leibnitz, die englischen Deisten und Reimarus als ihre philosophischen Führer zu verehren, und die Denkresultate derselben als zuverlässige Wahrheit anzuerkennen. Sollte die Kongreßmajorität sich wirklich dazu verstanden haben, bevor sie den Beschluß faßte, die Dogmenlosigkeit des Judenthums als „höchsten Satz ihres Programmes" hinzustellen?

Ihr wackerer Mitarbeiter wird sich vielleicht zu der Annahme versteigen, daß das Verhältniß, in welches Mendelssohn seine Philosophie zum Judenthume brachte, auf jedes beliebige philosophische System angewendet werden können. Einheimisches Produkt sind dem Judenthume nur seine geschichtlichen Wahrheiten und seine Gesetze. Seinen Bedarf an „ewigen Wahrheiten" kann es aus den Schulen Kant's, Fichte's, Schelling's, Hegel's, Herbart's importiren!

Ich fühle keine Neigung mich mit Ihrem Mitarbeiter über den angerathenen religionsphilosophischen Import in eine Diskussion einzulassen. Statt dessen erbitte ich mir nur Bescheid auf die Frage: wie wird sich das dogmenlose Judenthum mit dem theoretischen Materialismus unserer Zeit zurechtsetzen?

Der Materialismus behauptet, daß geistiges Leben überhaupt nichts vom Stoff Verschiedenes, sondern eine bloße Bewegung des Stoffes selber ist. Er glaubt, das ganze Räthsel des Lebens gelöst zu haben, indem er das Leben selbst auf das Atom, die Moleküle, die Imponderabilien zurückführt, und aus ihrer Attraktion und Repulsion den ganzen Lebensproceß herleitet. Er bildet sich ein, daß er das Gebiet der e x a k t e n Forschung nicht verlasse. Dies ist jedoch reine Jlusion. Die Entstehung der organischen Welt aus der Zelle und der anorganischen aus dem Atom erklärt das Dasein dieser Grundbedingungen der Welt noch nicht, vielmehr ist das ganze Geheimniß nur um einen Schritt weiter zurückgeschoben. Werden nun die Jünger Moleschott's, Darwin's, Vogt's und Büchners, die dies n i c h t zugeben, ebenfalls darauf pochen, daß ihre Doktrin von der geoffenbarten mosaischen Gesetzgebung vorausgesetzt werde?

Mendelssohn sagt: „Die Stimme, die sich an jenem großen Tage auf Sinai hören ließ, rief nicht: „Ich bin der Ewige, dein Gott, das nothwendige, selbstständige Wesen, das allmächtig ist und allwissend, das den Menschen in einem zukünftigen Leben vergilt nach ihrem Thun." Dieses ist allgemeine Menschenreligion, nicht Judenthum, und allgemeine Menschenreligion, ohne welche die Menschen weder tugendhaft sind, noch glückselig werden können, sollte hier nicht geoffenbart werden, konnte es im Grunde nicht.[6])" Erblickt nun auch der theoretische Materialismus in dem Satze Mendelssohn's allgemeine Menschenreligion? O nein! Die Lehre von einem Gotte und einem jenseitigen Leben ist ihm keine durch Vernunftgründe erwiesene ewige Wahrheit, was sie Mendelssohn war, sondern — e i n j ü d i s c h e s D o g m a! Ein nicht geringer Theil der Gebildeten unserer Zeit bestreitet also entschieden die Dogmenlosigkeit des Judenthums. Diejenigen, die dieselbe noch jetzt auf ihre Fahne schreiben, müssen sich den Vorwurf gefallen lassen, daß sie in ihrer philosophischen Bildung ungefähr um ein Jahrhundert zurückgeblieben sind.

Den äußersten Gegensatz zu der Theorie Mendelssohn's bildet die Hypothese des berühmten Sprachforschers M a x M ü l l e r.

Derselbe bestreitet den von Renan erfundenen, monotheistischen Instinkt der Semiten: eine Erfindung, deren Absurdität auch von Munk und Steinthal nachgewiesen wurde. An die Stelle des Renan'schen Instinktes setzt er eine, dem Stammvater Abraham zu Theil gewordene göttliche Offenbarung. Müller ist in diesem Stücke orthodoxer, als der Talmud, nach welchem Abraham auf dem Wege spontaner Geistesthätigkeit zur Erkenntniß des Einen Gottes gelangt ist. [7]) Maimonides macht den Patriarchen sogar zum Erfinder des kosmologischen Beweises für das Dasein Gottes und zum Verfasser metaphysischer Schriften. [8]) Josephus läßt ihn in Aegypten die Arithmetik und die Astronomie lehren. [9]) So sucht und findet die rationalisirende Richtung ihre Repräsentanten und Koryphäen schon im grauesten Alterthume.

So werthlos nun auch diese vermeintliche Glorifikation biblischer Heroen erscheinen mag, so bleibt es doch bedeutsam, daß die Schriftgelehrten der talmudischen Zeit die selbstthätige Gotteserkenntniß der Offenbarung vorangehen lassen. Auch darauf mögen Freunde des Vernunftgebrauches auf dem Gebiete der Religion hinweisen, indem sie sich zu der Maxime bekennen: Nur ein mit der Vernunft in Frieden lebender Glaube ist das wahre, bleibende Eigenthum des Menschen; nur ein solcher besteht die Probe des Schicksals und der Versuchung; nur er kann zur duftenden Blüthe sich gestalten, die endlich zur erquickenden Frucht wird. Ohne Vernunft kann der Glaube kein fester, kein segenbringender sein. „Die Vernunft", sagt Abraham Aben Esra, „ist der Engel zwischen dem Menschen und seinem Gotte."

3. Der theologische Gesichtspunkt.

האמינו ביהוה אלהיכם ותאמנו,
האמינו בנביאיו והצליחו.
2 Chron. 20, 20.

Ihr geschätzter Mitarbeiter macht mir den Vorwurf, daß ich gegen die Dogmenlosigkeit des Judenthums anfämpfe, weil „es in meinen Kram paßt", womit er vermuthlich sagen will, daß meine Opposition gegen die Dogmenlosigkeit mit meiner Stellung zum Kon-

greſſe zuſammenhängt. Ich bedaure, daß meine 1858 im Ben Cha=
nanja erſchienene Abhandlung „die Grundlehren der Reli=
gion Iſrael's" ſeiner Aufmerkſamkeit entging. Ein Blick in dieſe
Abhandlung wird ihn belehren, daß ich über die Dogmenfrage und
Mendelsſohn's Glaubenstheorie vor zwölf Jahren nicht anders
dachte, als ich jetzt darüber denke. Ich hatte aber hierin ſchon da=
mals meine Vorgänger ſowol in den Reihen der Orthodoxen, als
in denen der Reformer.

Als Repräſentanten der erſteren nenne ich den mähriſchen
Landesrabbiner Markus Benedikt. Die Gelegenheit zu ſeiner
diesfälligen Aeußerung gab Samſon Bloch in ſeiner 1822 er=
ſchienenen hebräiſchen Geographie von Aſien.

Die Religion der Chineſen beſprechend, erwähnt Bloch in
einer Anmerkung den Unterſchied zwiſchen natürlicher und ge=
offenbarter Religion, und betont, unter ausdrücklicher Be=
rufung auf Mendelsſohn's Jeruſalem, den Umſtand, daß die Thora
nur zu thun und zu laſſen gebiete, aber nicht zu glauben.

Bloch, ein Freund Nachman Krochmals und Rapaports, be=
ſaß eine ungewöhnliche Meiſterſchaft im neuhebräiſchen Style und
eine ausgebreitete Beleſenheit im Talmud und in der rabbiniſchen
Literatur. Da er in Galizien, ſeiner Heimat, für ſeine, der Auf=
klärung ſeiner polniſchen Glaubensgenoſſen gewidmete, literäriſche
Thätigkeit nicht die gewünſchte Unterſtützung fand, bereiſte er 1823
Mähren, Böhmen und Ungarn, um die Beſchreibung von Aſien
zu veräußern, und auf die von Afrika Subſkribenten zu ſammeln.
Hier verſchaffte er ſich auch die Approbation ſeines Werkes von
Seite mehrer rabbiniſcher Autoritäten, was ihm in Galizien nicht
gelungen war. Markus Benedikt approbirte Bloch's Werk, unterließ
aber nicht, die aus dem Jeruſalem angeführte Doktrin als eine
Irrlehre zu bezeichnen, deren Weglaſſung er dem Verfaſſer bei einer
etwaigen zweiten Auflage des Werkes angelegentlich empfahl.

Aus der Reihe der Reformer nenne ich David Einhorn,
gegenwärtig Rabbiner einer Reformgemeinde in New-York, früher
Rabbiner der Reformgenoſſenſchaft in Peſt. Derſelbe ſprach ſich
1854 folgender Maßen aus: „Behaupten zu wollen, das Juden=
thum habe gar keine beſtimmten Glaubensſätze und verpflichte die
Mitglieder ſeiner Gemeinſchaft nicht einmal zur Anerkennung irgend

einer seiner Erkenntnißlehren, heißt dieser Gemeinschaft allen Grund und Boden, jeden geistigen Mittelpunkt entziehen, und Mendelssohn hätte seiner Sache wahrlich keinen schlechtern Dienst leisten können, als durch die Berufung auf das Zeugniß der Geschichte. Das geschichtliche Judenthum weiß so wenig von Dogmenfreiheit, daß der Talmud den Leugner der göttlichen Geoffenbartheit selbst eines einzigen Buchstaben der Thora zur Klasse der bekanntlich nicht eben schonend zu behandelnden Minim zählt, und sogar den Noachiden trotz der strengsten Erfüllung der ihnen zukommenden Verpflichtungen das ewige Leben abspricht, wenn sie diese bloß für Ausflüsse der Vernunft, nicht aber einer übernatürlichen göttlichen Offenbarung halten." 10) Der Schluß seiner Polemik lautet: „Nach dem Allen **müssen wir**, bei der vollsten Anerkennung, ja Bewunderung der geistigen und sittlichen Höhe, womit Mendelssohn für Gewissensfreiheit in die Schranken trat, und zu diesem Behufe über die Natur der mosaischen Verfassung eine Ansicht von ungeheurer Tragweite entwickelte, dennoch **auf das Entschiedenste gegen das Ansinnen protestiren, als ob das Judenthum im Widerspruche mit zahllosen Stellen seiner göttlichen Urkunden der Eigenschaft einer geoffenbarten Religion entbehrte und ferner eine Dogmenfreiheit besäße, in deren Folge keine, wie auch immer beschaffene religiöse Meinung den innern Zusammenhang mit demselben aufzuheben, oder die religiösen Handlungen ihres Werthes zu berauben vermöchte.** 11)"

Sie sehen, daß sich auch hier die Extreme berühren. Ihr geschätzter Mitarbeiter hält sich von beiden Extremen fern. Er folgt weder der Fahne Benedikt's, noch der Einhorn's.

Um sich in dogmatischen Fehden die Neutralität zu wahren, erklärt er das Judenthum für dogmenlos. Er thut dies mit einer gewissen Feierlichkeit, indem er im Namen Ihrer Partei öffentlich ein Glaubensbekenntniß ablegt, welches sich freilich gerade im Punkte des Glaubens ziemlich indifferent verhält. Um so auffallender muß es daher erscheinen, daß er sich veranlaßt sieht, mich der Störung der Einheit im ungarischen Israel anzuklagen. Wenn die Kongreßmajorität wirklich die Dogmenlosigkeit als den „höchsten Satz ihres Programmes" festhält, so hat sie ja selbst jene Einheit aufgehoben, und das Schisma provocirt, dessen Verhinderung ihr so sehr am Herzen liegt.

Von der ehemaligen Gemeinde Einhorn's mag sie allerdings keinen Widerspruch zu fürchten haben. Die Reformer von 1848—1852 haben sich reumüthig bekehrt, und desavouiren zerknirschten Herzens ihre früheren destruktiven Tendenzen. Was berechtigt aber Ihre Partei zu der Erwartung, daß auch die Orthodoxie der Dogmenlosigkeit huldigen werde? — Die Kongreßmajorität verwickelt sich in einen unheilbaren Konflikt mit sich selbst, indem sie einerseits den Beschluß des Repräsentantenhauses vom 18. März 1870 perhorrescirt, und andererseits ihre eigene Dogmenlosigkeit in den Vordergrund stellt. Um der Motivirung jenes Beschlusses alle und jede Berechtigung absprechen zu dürfen, müßte sie darauf hinweisen können, daß zwischen ihr und der Orthodoxie durchaus keine dogmatische Divergenz stattfindet. Betont sie aber selbst ihre eigene Dogmenlosigkeit, so hat sie kein Recht, gegen die Beschlußmotivirung vom 18. März zu protestiren. Dogmentreue und Dogmenfreie Bekenner einer Religion sind nicht sonderlich geeignet, eine intime kirchliche Einheit zu bilden; die administrative Einheit aber ist eine Opportunitätsfrage, deren zweckmäßige und friedliche Entscheidung vernünftiger Weise den betreffenden Gemeinden überlassen werden muß.

Neben der Energie, mit welcher sich Ihr Mitarbeiter des negativen, auf das Glauben bezüglichen Theiles der Mendelssohn'schen Theorie annimmt, fällt die halblaute Schüchternheit auf, welche er bei seinem Plaidoyer für den positiven, der Praxis zugewendeten, Theil derselben an den Tag legt. Es ist sehr lehrreich, über diesen Kardinalpunkt die Stimmen der verschiedenen Parteien zu vernehmen.

Mendelssohn sagt: „Es ist uns erlaubt, über das Gesetz nachzudenken, seinen Geist zu erforschen, hier und da, wo der Gesetzgeber keinen Grund angegeben, einen Grund zu vermuthen, der vielleicht an Zeit und Ort und Umstände gebunden gewesen, vielleicht mit Zeit und Ort und Umständen verändert werden kann — wenn es dem allerhöchsten Gesetzgeber gefallen wird, uns seinen Willen darüber erkennen zu geben; so laut, so öffentlich, so über alle Zweifel und Bedenklichkeit hinweg zu erkennen zu geben, als

Er das Gesetz selbst gegeben hat. So lange Dieses nicht geschieht, so lange wir keine so authentische Befreiung vom Gesetze aufzuweisen haben, kann uns unsere Vernünftelei nicht von dem strengsten Gehorsam befreien, den wir dem Gesetze schuldig sind, und die Ehrfurcht vor Gott zieht eine Grenze zwischen Spekulation und Ausübung, die kein Gewissenhafter überschreiten darf..... Hier heißt es offenbar: **Was Gott gebunden hat, kann der Mensch nicht lösen.**" [12])

David Einhorn sagt: „Durch die Verrückung des eigentlichen Gesichtspunktes geriet Mendelssohn in die auffallendsten Inkonsequenzen. In Folge der Freigebung der Glaubens- und Erkenntnißlehre blieb als Schiboleth, als Band und Manifestation der jüdischen Gemeinde, nur noch die äußere That übrig, und so entstand denn die sittlich unhaltbare Sanktion des Widerspruches zwischen Gesinnung und Handlung, zwischen innerem und äußerem Religionsleben, der Grundsatz: was und wie man auch immer über das Gesetz denken mag — jedenfalls bliebe man zur äußerlichen Uebung desselben verpflichtet, und werde durch solchen Gehorsam den an den Israeliten gestellten Verpflichtungen vollkommen Genüge gethan. Im Interesse seines glühenden Kampfes gegen allen Gewissenszwang nimmt Mendelssohn keinen Anstand, die religiöse That ohne entsprechende Ueberzeugung ein leeres Puppenspiel zu nennen; ja in Bezug auf die Glaubenslehre eine alle Schranken niederbrechende Freiheit zu proklamiren, ... und diese so überaus kühne Theorie mit ihren kreißenden Bergen gebährt in praxi nichts weiter, als eine zu Boden getretene Ueberzeugung, einen gleich dem kriechenden Gewürme gefesselten Menschen. Hier mit einem Male sinkt die Vernunft, die keine Fessel dulden, und sogar den Grundpfeiler des geoffenbarten Heiligthums bilden soll, zur unzuverlässigen, verächtlichen Vernünftelei hinab, und steigt hinwiederum die der innern Ueberzeugung widersprechende äußere That zu einer Würdigkeit empor, die auf Erwerb des göttlichen Wohlgefallens und der ewigen Glückseligkeit einen bedingenden Einfluß ausübt. So wird einerseits der Strom der freien Forschung auf religiösem Gebiete entfesselt, und ihm dennoch andererseits durch einen kategorischen Imperativ und ohne alle innere Begründung ein gewaltiger Damm entgegengestellt und die Bestimmung zur Befruchtung des

Lebens abgesprochen, demnach der religiöse Zwiespalt zwischen Gesinnung und That als ein naturgemäßer, normaler Zustand angesehen und dadurch der **traurigsten Selbsttäuschung** und **Entsittlichung** — gewiß gegen den Willen des edlen Meisters — **nicht geringer Vorschub geleistet**." [13])

Ihr theologischer Mitarbeiter sagt: „Der Standpunkt des prophetisch-rabbinischen Judenthums, desselben, an dessen Stelle die Apostel das jenem diametral entgegengesezte, dem Dogma mehr hinneigende und den Ritus verwerfende Christenthum sezten, ist nun einmal, daß nicht Glauben, sondern die Ausübung der herkömmlichen Stammestugenden und Gebräuche, welche theils an Enthaltsamkeit gewöhnen, theils die Zusammengehörigkeit der zerstreuten Bekenner prophetischer Konfession dokumentiren, daß, sage ich, die Ausübung derselben rechtfertigt, um mich mit dem neuen Testamente auszudrücken." An die Stelle, welche bei Mendelssohn das von Gott gegebene Gesetz einnimmt, ezt also Ihr Mitarbeiter die „**herkömmlichen Stammestugenden und Gebräuche**!" Die göttlichen Geheimnisse, die keine menschliche Vernunft ergründen kann, gibt er auf, um die entstandene Lücke mit einer sehr flachen rationalistischen Motivirung des Ceremonialgesetzes auszufüllen.

Die drei vorgeführten Richtungen sind nicht schwer zu charakterisiren.

Mendelssohn vertritt die **Orthodoxie**, Einhorn die **patente**, Ihr Mitarbeiter die **latente** Reform.

Mendelssohn bringt die demuthvolle **Resignation** zum Ausdrucke, Einhorn die religionsphilosophische **Opposition**, Ihr Mitarbeiter das feige Juste Milieu der **Transaktion**.

Das ist also die Quintessenz der Kongreßtheologie: sie beraubt das Judenthum seines hohen idealen Inhaltes und seiner noch nicht vollendeten welthistorischen Mission; sie ignorirt seine im Leben und Sterben beseligende Kraft, um es zur Volkssitte zu degradiren!

„Die Stammestugenden!" Der Talmud macht drei solche Tugenden nahmhaft: die **Barmherzigkeit**, die **Verschämtheit** und die **Mildthätigkeit**! [14]) Sollen die Juden **nur** diese Tugenden kultiviren?

„Die herkömmlichen Gebräuche!" Diese sind aber augenschein-

lich dem Wandel und Wechsel unterworfen. So gleichen die heuti=
gen Hochzeitsgebräuche nicht denen des Mittelalters, die des leztern
nicht denen der talmudischen Zeit, und auch diese bieten, wenn
man sie mit den biblischen vergleicht, manche Verschiedenheiten dar.
Es gehört eben zu den Vorurtheilen vieler christlicher Schriftsteller,
daß sich die Juden gegen ihre Umgebung hermetisch abgeschlossen
haben. Dies trifft nur in einzelnen Punkten zu. Das Studium der
jüdischen Alterthumskunde ist sehr oft darauf angewiesen, sich aus
den persischen, griechischen, römischen und germanischen Alterthümern
Aufschlüsse und Belehrungen zu holen.

Die Diversion auf das Gebiet der christlichen Kirchengeschichte
hätte sich Ihr geschäzter Mitarbeiter ersparen sollen. Die kundigeren
Leser Ihres Blattes hätten in diesem Falle nicht erfahren, daß er
nicht einmal die Stellung kennet, welche Paulus unter den übrigen
Aposteln einnahm. Dagegen that er wohl daran, von einer „propheti=
schen Konfession" und einer „herkömmlichen Stammestugend" zu reden.
Dadurch erhielt das „jüdische Ich", wenn vielleicht auch keine leib=
lichen Geschwister, so doch jedenfalls Geschwisterkinder!

4. Der historische Gesichtspunkt.

כי שאל נא לדור ראשון וכונן להקר אבותם.

Job 8, 8.

Ihr kongreßtreuer Mitarbeiter sagt, mich belehrend: „Unsere
Distriktsvorsteher sind nicht Táblabiró's von Álmos's Zeiten her,
die nur die Ketten zu handhaben berufen sind." Diese Belehrung
kann ich jedoch nicht stillschweigend hinnehmen.

Sie setzen mit Recht voraus, daß ich den Herren Distrikts=
vorstehern den gebührlichen Respekt zolle. Aber wenn die Geschichte
von dem Wirken und Walten dieser braven Männer auch in Zu=
kunft nicht mehr erzählt, als sie bisher davon erzählt hat, wird
man eine gewisse Ähnlichkeit zwischen ihnen und den Táblabiró's
des Álmos nicht in Abrede stellen können; denn von lezteren weiß
die Geschichte gar nichts zu erzählen. Ein wesentlicher Unterschied
zwischen diesen öffentlichen Organen liegt bloß darin, daß die Eri=

stenz der Herren Distriktsvorsteher über jede Anfechtung der Skepsis erhaben ist, während die Táblabiró's Ihres wackeren Mitarbeiters nur in der jugendlichen Phantasie desselben ihren Wirkungskreis haben, in der Wirklichkeit aber niemals existirten. Die Institution der Táblabiró's wurde unter Mathias II. durch den 24. Gesetzartikel vom Jahre 1613 in's Leben gerufen. Unter Árpád's Vater Álmos, von welchem Ihr Mitarbeiter spricht, können Táblabiró's schon deshalb nicht gewirkt haben, weil, wie jezt jeder gebildete Ungar weiß, Álmos gar nicht mehr unter den Lebenden war, als die Magyaren den ungarischen Boden betraten, und den Staat gründeten, welcher gegen Ende des nächsten Jahrzehntes sein tausendjähriges Jubiläum feiern wird. Ein Táblabiróthum, dessen Vertreter berufen waren, nur die Ketten zu handhaben, hat überhaupt niemals existirt, und es gehört nicht wenig Vermessenheit dazu, eine solche Anklage auszusprechen.

Sie sehen, daß Ihr kampflustiger Mitarbeiter von der Geschichte wenig Notiz nimmt. Daher trägt er auch kein Bedenken von einem prophetisch-rabbinischen Judenthume zu reden. Die Geschichte verwahrt sich gegen solche Unifikation. Sie weiß die verschiedenen Entwicklungsphasen des Judenthums auseinanderzuhalten, und bemüht sich, dem Uebergange der einen in die andere Phase nachzuspüren. Der historische Sinn, der sich hierin kundthut, ist in unserer Zeit eine wesentliche Grundlage des theologischen Charakters. Was lehrt nun die Geschichte über die vorliegende Glaubens- und Dogmenfrage?

Folgende Andeutungen, auf die ich mich hier beschränken muß, werden hoffentlich hinreichen, Ihnen hierüber Licht zu verschaffen.

Wären religiöse Erkenntnisse nur auf dem Wege der Reflexion zu erlangen, so hätten auch die Propheten Israel's auf diesem Wege zu ihrer Erkenntniß gelangen müssen. Dies sezte Renan auch wirklich voraus. Und da es ihm nicht einleuchten wollte, daß die Juden durch ihre spekulative Philosophie andere Völker überragten, erfand er, wie ich bereits erwähnte, den semitischen Instinkt.

Steinthal bemerkt dagegen, daß Renan nur zwei Weisen seelischer Thätigkeit kennt: die reflektirt bewußtvolle und die unbewußte, instinktive, während die seelische Thätigkeit durchaus nicht auf diese zwei Weisen beschränkt ist, und namentlich das prophetische Bewußtsein eine eigene Kategorie seelischer Thätigkeit bildet. Dieses Bewußtsein war die Pflanzstätte des Monotheismus. „Denn", sagt Steinthal, „wenn ich auch gar nicht glaube, daß die Israeliten ganz besonders begabt gewesen waren, so meine ich doch, daß Moses, Samuel, Elias, Jesaias, Jeremias und der andere Jesaias und so mancher ungenannte Psalmendichter Männer waren von einer unübertroffenen Geisteskraft." Sie wurden die Lehrer und Verkünder des Monotheismus. Dieser liegt aber nicht darin, „daß die Vorstellung der Zahl Eins mit der Vorstellung Gott associirt werde; sondern der eine Gott ist nur der geistige Gott. Es war der Götzendienst der natürlichen nicht bloß, sondern auch der seelischen Kräfte, also der Götzendienst aller Kraft zu zerstören, und dafür das gute Thun und Wollen, die Anbetung des „Heiligen und Barmherzigen" hinzustellen, der der „Einzige und Ewige" ist. Das schafft kein Instinkt, das schafft keine Reflexion und Spekulation, kein Spielgeist und Weltherrschgelüste. Das schafft noch weniger Armuth, die nie etwas schafft, außer Noth: Armuth der Sprache, Armuth der Phantasie, Armuth an religiösem Gefühl. Aber das schafft bei einfachem Verstande eine makellose sittliche Reinheit, ein heiliger und zugleich felsenfester Wille, eine völlige Hingabe des ganzen Wesens an die Sache, die Religion. Solch ein Geist fühlt sich in die Tiefe des Menschen, in die Tiefe Gottes hinein, und aus lebhaftester Erregung der Seelensubstanz verkündet er, ohne Reflexion, die ewigen Gedanken. Und von einem solchen Geiste strömt es über in den andern, und so wird es immer tiefer, immer weiter und hehrer. Eine Schlacke fällt nach der andern ab; es sinkt eine Schranke nach der andern. Diese Männer übten eine Kritik von nie erhörter Gewalt. Was ist denn der Blitz, der die Eiche spaltet, gegen diesen kurzen Parallelismus, der ein stolzes kosmogonisches System nach dem andern für ewig zerschmettert! Wo sind sie denn geblieben: Ahura Mazda und Angra Mainyu vor dem Worte Jesaias: „Er bildet Licht und Er schafft Finsterniß, macht Glück und schafft Uebel." So ward das Heidenthum zermalmt. . . . Nicht das ist Monotheismus, daß Jehova — Jedra und Vritra zugleich ist, daß er allein thut, was die Götter unter sich vertheilen; sondern daß er etwas ganz Anderes thut, als diese: daß er im Unwetter nicht einen Drachen bekämpft, sondern aus Donner und Blitz der Menschheit jene zehn Worte verkündet, welche die ewigen Grundsäulen aller sittlich-menschlichen Gemeinschaft sind. — Selbst für den erkennenden Geist ist die Logik nicht das Höchste; und die Schuld ist ebenso sehr eine fruchtbare Mutter der Irrthümer, wie die Sittlichkeit ein quellender Keim der Wahrheit." [15]

So Steinthal vom Standpunkte der neuesten und freiesten Geschichtswissenschaft. Was er von der Prophetie und der Verkündigung der zehn Worte sagt, ist die philosophische Darstellung des Begriffes, welchen die Theologie mit dem Ausdrucke **geoffenbarte Religion** verbindet. Von einer Vorbereitung zur Prophetie spricht schon der Talmud; er nennt folgende Attribute eines Propheten: Stärke, Reichthum, Schriftgelehrsamkeit, Demuth und eine imponirende Persönlichkeit [16]. Maimonides bindet sich nicht an den Talmud. Er folgt einer rein spiritualistischen Auffassung [17] und es ist lehrreich, seine Darstellung mit der Steinthal's zu vergleichen.

Sie erwarten wol schwerlich, daß ich diese Vergleichung hier speciell ausführe. Ich begnüge mich daher mit der Erinnerung, daß beide, Maimonides und Steinthal, auf das von Ihrem Mitarbeiter ganz und gar vernachläßigte **ethische** Moment ganz besonderes Gewicht legen. Ihrem ethischen Ursprunge bleibt die Prophetie auch in ihren Kundgebungen, Belehrungen und Ermahnungen treu. Als Lobredner der Stammestugenden ihres Volkes treten die Propheten niemals auf, vielmehr üben sie auch gegen manche Untugend ihres Stammes „eine Kritik von nie erhörter Gewalt." Für die Konservirung herkömmlicher Gebräuche haben sie sich eben so wenig begeistert. Wol aber predigten sie: „**Man hat dir, Mensch, gesagt, was gut ist, und was der Herr von dir verlangt: Nur Rechtthun und liebevolles Wohlwollen und demüthigen Wandel mit deinem Gotte.**" [18] — „**Oder: Tretet auf die Wege und schauet, und fraget nach den ewigen Pfaden: welches ist der Weg zum Guten? und gehet ihn, so findet ihr Ruhe für eure Seele.**" [19]

Indem die Propheten und Psalmisten ihre unübertroffene Moral verkünden, verhalten sie sich auch gegen den Glauben nicht indifferent; vielmehr bekämpfen sie, wie den Wahn der Werkzeiligkeit, so auch den Wahn des Unglaubens. Sie geißeln denselben als Unverstand und als sittliches Gebrechen. [20])

Eigentlich dogmatische Differenzen sind wol dem biblischen Alterthum fremd; sie treten aber kurz nach der Hasmonäischen Restaurationsepoche schon mit jener Leidenschaftlichkeit auf, welche von Religionsstreitigkeiten niemals fern zu bleiben pflegt. Es ist wahr: Pharisäer und Sadducäer waren auch politische Gegner. Konfessioneller Haber erzeugt aber auch in unseren Tagen nicht selten politische Konflikte. Unleugbar bildete das Dogma der Auferstehung einen der Differenzpunkte zwischen Pharisäern und Sadducäern. Warum erinnerten sich die streitenden Parteien nicht an die Dogmenlosigkeit des Judenthums?

Noch mehr. Während Philo und Josephus ihren nichtjüdischen Lesern gegenüber das Judenthum durch die Hervorhebung gewisser rationeller Grundlehren zu charakterisiren suchen, stellt die Mischna, die kein externes Forum berücksichtigt, förmliche, die ewige Seligkeit bedingende Glaubensartikel auf. Sie lehrt: „**Folgende haben keinen Antheil an der künftigen Welt: Wer behauptet, die Auferstehung der Todten sei nicht aus der Thora herzuleiten; wer die göttliche Offenbarung der Thora leugnet und der Epikuros**[21]). So stand es in der Talmudischen Zeit mit der Dogmenlosigkeit des Judenthums.

Der religiöse Glaube wird von Philo [22]) und in den talmudischen Quellen [23]) als verdienstlich gepriesen. In lezteren ertheilt die Gottheit selber den Juden das Zeugniß: „sie sind gläubige Kinder gläubiger Ahnen!" [24]) Hier wird also der Gläubigkeit der Charakter einer „Stammestugend" vindicirt.

Im Mittelalter wurde das Feld der Dogmatik von der arabischspanischen Schule angebaut, in welcher der Geist der Systematik einheimisch war. Eine numerische Glaubensform scheinen zuerst die Karäer, der Anregung des Islam's folgend, aufgestellt zu haben; Jehuda Hedessi, Arzt in Konstantinopel in der Mitte des zwölften Jahrhunderts, zählt **zehn** Glaubensartikel als längst bekannt auf. [25])

Die erste rabbanitische Aufzählung von Glaubensartikeln stammt aus Kairuan in Afrika. Ihr Urheber ist Chananel b. Chuschiel (gest. 1050.) Er sagt: „Es sind vier Hauptstücke des Glaubens: 1. der Glaube an Gott; 2. der Glaube an die Propheten; 3. der Glaube an die künftige Welt; 4. der Glaube an die Ankunft des Befreiers Israels. „Die Gläubigen", fügt er hinzu, „haben Belohnung, die Ungläubigen Strafe zu erwarten." [26])

Die zweite numerische Darstellung der Grundlehren ist um ein ganzes Jahrhundert jünger, als die Chananel's. Sie hat den Philosophen und Geschichtsforscher Abraham b. David ha-Levi in Toledo zum Urheber. Seine Grundlehren betreffen 1. das Dasein; 2. die Einheit; 3. die Attribute; 4. die Werke Gottes; 5. die Vorsehung. Der zweite Theil des Werkes „der erhabene Glaube" ist der Erörterung dieser Grundlehren gewidmet.

Die dritte Zusammenstellung trat 1168 in Aegypten aus Tageslicht: mit seinem Mischnakommentare übergab Moses Maimonides auch die in demselben niedergelegten Glaubensartikel der Oeffentlichkeit. Dieselben betreffen die 1. Existenz, 2. Einheit, 3. Geistigkeit, 4. Ewigkeit, 5. exklusive Anbetung Gottes; — die 6. Prophetie, 7. Unerreichbarkeit Mose's, 8. Authentie und 9. ewige Verbindlichkeit der Thora; — 10. die Vorsehung, 11. die Vergeltung, 12. den Messias und 13. die Auferstehung. Maimonides hebt zumeist diejenigen Lehren hervor, durch welche sich das Judenthum vom Christenthum und vom Islam unterscheidet. Er will aber dieselben durchaus nicht als Ausdruck seiner subjektiven Ueberzeugung betrachtet wissen; vielmehr erklärt er in den stärksten Ausdrücken, daß die Theilnahme an der jüdischen Gemeinschaft von der Anerkennung dieser Glaubenslehren bedingt ist. [27])

Wiewol nun Maimonides in seinen theologischen Werken auch noch andere Religionsprinzipien aufführt [28]), so fanden doch die dreizehn Glaubensartikel die weiteste Verbreitung. Ihrer allein bemächtigte sich die Poesie [29]) und die religionsphilosophische Diskussion.

Ich muß Sie indeß bitten, dies nicht so zu verstehen, als ob der Inhalt der Maimonidischen Lehren von manchen Dogmatikern bestritten worden wären. Dies war nicht der Fall. Die Lehren selbst erfuhren keinen Widerspruch. Die Verhandlungen darüber haben rein methodologisches Gepräge; sie gehörten unter den spanischen, provenzalischen und italiänischen Juden im vierzehnten und fünfzehnten Jahrhundert zu den Tagesfragen, deren Lösung die Gebildeten lebhaft interessirte.

Die Wortführer theilen sich in drei Gruppen. Die eine Gruppe bilden die selbstständigeren Dogmatiker, welche in der Aufstellung der Grundlehren des Judenthums ihren eigenen Weg einschlagen, wie Abba Mari, oder Don Astrück En-Duran de Lünel in Montpellier, der die philosophische Richtung des Maimonides sonst bekämpfte, aber den Freidenkern seiner Zeit gegenüber nur drei Grundlehren aufstellte: Gott, Weltschöpfung, Vorsehung; der in Neapel, am Hofe des später in Ungarn herrschenden Königs Karl Robert wissenschaftlich thätige Schemarja Negroponti; der gegen die christliche Exegese polemisirende Lippman aus Mühlhausen; Chasdai Kreskas in Saragossa; Joseph Albo in Soria; Joseph Jaabez spanischer Emigrant in Mantua. Als Epigone derselben erscheint Abraham Chajjim Viterbo gegen Ende des siebzehnten Jahrhunderts in Venedig.

Zur andern Gruppe gehören die Vertheidiger der Maimonidischen Anordnung, wie Simon b. Zemach Duran in Algier; Abraham Bibago in Spanien; der Arzt David b. Leon Mantuanus; Jesaias Horwitz. Ihnen schlossen sich in neuerer Zeit zwei freisinnige ungarische Theologen an: Moses Kunitzer (1796) und Aron Chorin (1803.)

Die dritte Gruppe, deren bedeutendster Vertreter Don Isaak Abravanel ist, läßt die Aufstellung von Grundlehren gar nicht zu, weil Alles, was die Thora enthält, die Wichtigkeit und Bedeutung einer Grundlehre hat, und fundamentalen Charakter besitzt. Aus den Werken der genannten Schriftsteller kann sich Ihr geschätzter Mitarbeiter die von mir geforderte Liste objektiver, von allen orthodoxen Juden anerkannter Dogmen leicht zusammenstellen. Ja, in dem lezten Abschnitte des oft gedruckten Werkes, „Prüfung der Welt" von Jedaja Penini, findet er nicht weniger, als fünf und dreißig dogmatische Lehrsätze an einander gereiht, deren Maimonidischer Ursprung von Moses Kunitzer nachgewiesen wird. Bei einer eingehendern Beschäftigung mit der einschlägigen Literatur wird er auch leicht die Antwort auf eine von ihm zur Sprache gebrachten Frage finden.

Seine Frage lautet: „Wem fiele es bei, mich einen Ketzer zu nennen, wenn ich die Freiheit hätte, mich an die trichotomische Dogmatik des Albo zu halten?"

Die Antwort wird lauten: Albo selbst! Diese Antwort setzt natürlich voraus, daß Ihr Mitarbeiter die von ihm erwähnte Freiheit nicht nur hat, sondern daß er auch Gebrauch davon macht. In diesem Falle dürfte er auf Albo's Protektion nicht rechnen. Denn Albo hat ja die Maimonidischen Glaubensartikel nicht bestritten, sondern unbedingt anerkannt, und nur ihre Ueber- und Unterordnung nachgewiesen. Er war daher weit entfernt, seine, das Dasein Gottes, die Offenbarung und die Vergeltung betreffenden Hauptprinzipien als den gesammten Inhalt der jüdischen Dogmatik hinzustellen; wesentliche Bestandtheile derselben sind ihm vielmehr auch folgende Sätze: 1. Die Welt ist aus dem Nichts erschaffen worden; 2. Die Stufe der Prophetie Mose's wurde von keinem andern Propheten erreicht; 3. Die Gesetze der Thora behalten immerdar ihre bindende Kraft; 4. Die gehörige Beobachtung auch nur Eines Gebotes der Thora kann zur Vollkommenheit führen; 5. Die Todten werden zu einem neuen Leben erwachen. 6. Der Messias wird erscheinen. „Wer diese Lehren leugnet, wird Ketzer genannt, wenn er auch die Göttlichkeit der Thora nicht leugnet, und er hat keinen Antheil an der künftigen Welt." [31])

Sie können hieraus ersehen, wie das Urtheil Albo's über Ihren geschätzten Mitarbeiter lauten würde.

Der Bernhardiner Giulio Bartolocci ertheilt zwar dem Albo das ehrenvolle Zeugniß: „In toto hoc libro (Ikkarim) acutum et Philosophum Virum agit iste Judæus." Allein trotz seiner Philosophie würde Albo Ihrem Theologen mit unerbittlicher Strenge erklären: Du bist und bleibst ein Ketzer, so lange du dich weigerst, auch meine Fundamentallehren zweiten Ranges gläubig anzuerkennen.

Die numerische Dogmenaufstellung ist auch in neuerer Zeit von Creizenach, Dernburg, Frankholm und Luzzatto versucht worden. Der Versuch des leztern wurde am wenigsten bekannt. Luzzatto sagt: „Die Einheit des Schöpfers, die Einheit der Schöpfung und die Einheit des Menschengeschlechts, (d. i. die Abstammung von Einem Menschenpaare), sind die Fundamentalwahrheiten welche zum ersten Male durch das Judenthum verkündet wurden."

5. Der rituelle Gesichtspunkt.

הדשים גם ישנים דודי צפנתי לך.
Hohesl. 7, 14.

Ich bitte Sie zu beachten, daß die Ketzerausschließung, von welcher ich sprach, nicht von mir ausging, sondern von den Dogmatikern des Mittelalters. Diese Erinnerung darf ich deshalb nicht unterdrücken, weil Ihr geschätzter Mitarbeiter, der die Freundlichkeit hat, mich einer psychologischen Analyse zu unterziehen, das Wort Fanatismus fallen läßt.

Seltsame Psychologie! —

Drei theologische Koryphäen der Kongreßmajorität rufen der Elite ihrer Antagonisten öffentlich zu: der von euch gegründete Verein ist „religionswidrig, lügenhaft, unjüdisch, schäblich, anmaßend und gefährlich!" „Ihr selbst seid die Maden im Käse!"

Die Orthodoxie bleibt den Progressisten die Antwort nicht schuldig. Sie replicirt: „Ihr seid Apostaten!"

Diese gegenseitige Begrüßung ist natürlich der Ausfluß zartsinniger Milde und Duldsamkeit. Es ist, wie Ihr geschätzter Mitarbeiter sagt, ein „einig Volk von Brüdern", welches aller Welt zeigt, daß es von den Banden der holdseligsten Eintracht umschlungen ist. Ich stimme in die Kraftausdrücke der streitenden Parteien nicht mit ein, und ziehe es vor, dem ungarischen Israel den Spiegel der Vergangenheit vorzuhalten. Hab' ich's also nicht mir selbst zuzuschreiben, daß mich der Vorwurf des Fanatismus trifft?

Ich glaube, über den streitenden Parteien zu stehen; jedenfalls stehe ich außerhalb derselben. Dies bezeugen die Stimmführer in beiden Lagern. Daher der schwere Stand Ihres geschätzten Mitarbeiters mir gegenüber! Wenn der Parteimann dem Parteilosen, die Apologie der Geschichte den Fehdehandschuh hinwirft, kann wol der endliche Sieg nicht lange zweifelhaft sein.

Dem prüfenden Blicke historischer Erfahrung stellt sich die „Kongreßidee" als eine Chimäre dar, deren Verwirklichung nur von der jungen, erst im Werden begriffenen Kultur der Pester Gemeinde gehofft, erwartet und angestrebt werden konnte. Dies wird in meinem Buche aktenmäßig bewiesen. Welchen Weg schlägt nun Ihr Mitarbeiter ein, um meine Beweise zu entkräften?

Er sagt: „der objektive Kritiker wird nicht leugnen, daß es (?) der Pester Gemeinde das tiefe religiöse Bewußtsein fehlt, das wir so ungern an ihr vermissen; daß sie bisher nicht der Ausdruck einer religiösen Ueberzeugung geworden, die in sich vom Vorwurfe der innern Widerspruchlosigkeit freizusprechen wäre. Doch wer kann den Hemmschuh übersehen, der die edelsten Regungen religiösen Sinnes auf Schritt und Tritt paralysirt, der es mit einer unverantwortlichen Dreistheit übernommen, im Namen der Religion die heiligsten Interessen derselben zu gefährden, vor Allem aber die Keime geläuterter, religiöser Anschauung zu ersticken, jedes Ringen nach religiösem Licht und religiöser Erkenntniß in den Augen der daran unbetheiligten Mitwelt zu diskreditiren? Oder konnte bei dieser wiedererstandenen Teufelswirthschaft von Verleumdung und Dunkelmännerthum die Gottesgemeinde, wie sie die Edelsten unter uns herbeiwünschen, die Licht und Erkenntniß stralende, und im Glanze des sittlichen Gedankens aus dem Moder des Mittelalters wieder erblühende, so leicht und ohne jeden Geburtsschmerz an's Tageslicht treten?" Daran schließt sich eine Lobrede auf den, von Niemanden bezweifelten, Wohlthätigkeitssinn der Pester Gemeinde.

Leztere ist nun jedenfalls um den Besitz eines genialen Mannes zu beneiden, der ein Instrument erfunden zu haben scheint, womit die Tiefe des religiösen Bewußtseins gemessen werden kann. Ich überlasse es gerne Anderen, dieses Syneidometron zu prüfen und zu beurtheilen. Mannheimer urtheilte 1834 viel günstiger über den religiösen Geist der Pester Gemeinde. Indem er die Veröffentlichung seiner „gottesdienstlichen Vorträge" motivirt, sagt er „Zudem sind es bisher nur zwei Gemeinden in dem gesammten Vaterlande, — außer der unsrigen nur noch die ehrenwerthe Pester Gemeinde — die sich den Bestrebungen der neuern Zeit zur Auferweckung eines lebendigen Sinnes und eines thatkräftigen Glaubens in Israel angeschlossen haben. Ich finde mich nicht bewogen, auf eine Kritik der Urtheile von 1834 und 1870 näher einzugehen.

Der „Teufelswirthschaft" wage ich auch nicht nahezukommen,

und das gedankenlose Gerede von dem „Moder des Mittelalters" will ich ebenfalls nicht widerlegen. Wer die großartige, Achtung gebietende jüdische Literatur des Mittelalters kennet, weiß, was er davon zu halten hat. Mir liegt nur ob, zu konstatiren, daß Ihr theologischer Mitarbeiter sein eigenes konservatives Bollwerk muthwillig zerstört. Denn wenn die Bekenner des Judenthums keine andere Aufgabe haben, als die „herkömmlichen Stammestugenden und Gebräuche auszuüben", wie er in seinem zweiten Artikel feierlich verkündet; so hat die antiorthodoxe Polemik seines dritten Artikels nicht die geringste Berechtigung. In der Uebung der Stammestugenden stehen die Orthodoxen wol schwerlich den Reformern nach, und das rituelle Herkommen hat ja eben die Orthodoxie auf ihre Fahne geschrieben!

Auch irrt Ihr Mitarbeiter gewaltig, wenn er meint, daß sich die rituelle Praxis mit der Dogmenlosigkeit vertrage. Wäre dies der Fall, so hätte man auf die Rechtgläubigkeit der Urheber ritueller Handschriften keine Rücksicht nehmen können; die Quellen beweisen aber, daß die rituelle Zulässigkeit der fraglichen Manuskripte von der Orthodoxie der Schreiber abhängig gemacht wurde [32]), und im Jahre 1780 sollte nach dem Urtheile zweier anerkannter Autoritäten in Kojetein in Mähren eine Thorarolle dem öffentlichen Gebrauche entzogen werden, weil der Schreiber derselben verdächtigt wurde, zu den Anhängern Sabbathai Zebi's zu gehören. [33]) Ein von den Berliner Aufklärungstendenzen stark beeinflußter Rabbiner schlägt wol in einer ähnlichen Frage mildere Saiten an; das gibt aber auch er zu, daß die konstatirte Heterodoxie des Sofer's die rituelle Unbrauchbarkeit seiner graphischen Erzeugnisse zur Folge habe. [34])

Ein anderes Beispiel. Sie kennen wol, mindestens dem Namen nach, die auf das Sabbathgesetz bezügliche Institution des Eruw. Dieselbe wird im Talmud auf den König Salomo zurückgeführt und besteht in einem religiös=symbolischen Kommunismus, durch dessen Anwendung der Transport von Effekten in Höfen, in welche die Wohnungen mehrerer Parteien münden, sowie in einer gewissen Art von Straßen mit den Anforderungen der Sabbathruhe in Einklang gebracht wird. Die ganze Operation ist aber nur in solchen Lokalitäten ausführbar, deren sämmtliche Bewohner orthodox sind; sie bleibt effektlos, sobald einer derselben heterodor ist, und wäre er's auch nur in Ansehung der Eruw=Institution. Hätte Ihr geschäzter Mitarbeiter daran gedacht, so würde er sicherlich nicht behauptet haben, daß der Glaube auf die rituelle jüdische Praxis nicht influire. In Wahrheit wird ein großer, wo nicht der größere Theil dieser Praxis von dem Glauben getragen, daß die Schriftge= lehrten der talmudischen und nachtalmudischen Zeit auch in rein empirischen Dingen allezeit das Richtige getroffen haben, und daß demnach auch die zoologischen und chemischen Behauptungen dersel= ben immer maßgebend bleiben müssen. Dafür eiferten selbst Männer, wie Isaak Lampronti, der in Padua Medicin studirt hatte, und als Rabbiner in seiner Geburtsstadt Ferrara auch der medicini= schen Praxis oblag (geb. 1679; gest. 1756.) Einen zoologisch= rituellen Gegenstand besprechend, sagt er: „Hüte dich, in deinem Herzen den sündigen Gedanken aufkommen zu lassen, daß die Em= piriker hier die Meinung der jüdischen Schriftgelehrten widerlegen. Dem ist, wie ich bereits zeigte, nicht also. Aber selbst wenn die Empiriker dies wirklich thun, darfst du nicht auf sie achten und ihnen kein Gehör geben; denn die wahren Schriftgelehrten Israel's waren in allen Erkenntnissen den übrigen Gelehrten der Welt über= legen. Sie verkünden göttliche Wahrheit, und wir dürfen daher von ihren Lehren nicht abweichen. Wer dies bezweifelt, verräth nur seine Hinneigung zur Ketzerei." [35])

Lampronti's Worte sind der treue und prägnante Ausdruck der orthodoxen Denk= und Glaubensfreiheit. Ihr Mitarbeiter gibt sich in dieser Rücksicht ungeschichtlichen Illusionen hin und Viele thun es mit ihm. Da sie nicht so denken können, wie die Vergangen= heit dachte, so muthen sie der Vergangenheit zu, daß sie so denke, wie sie. Mein fleißiges Quellenstudium verhindert mich, mir diese Zumuthung anzueignen. Ja, es drängt mich von Zeit zu Zeit so= gar, der Vergangenheit zu Hilfe zu eilen, damit sie ihr gutes histo= risches Recht behaupte: das Recht nämlich, für das zu gelten und gehalten zu werden, was sie wirklich war. Indem ich diesem Hilfe= rufe Genüge leiste, betheilige ich mich zugleich an der Zerstörung mancher Illusion. Ihrem geschäzten Mitarbeiter, dem es vermuth= lich nicht unbekannt ist, daß meine historische Passion meinen Lebens= weg nicht immer mit Rosen bestreute, bin ich ein psychologisches

Räthsel. Unbefangenen Freunden der Wahrheit wird es nicht schwer fallen, dieses Räthsel zu lösen. In dem engen Kreise, welcher meinen literärischen Versuchen einige Aufmerksamkeit schenkt, ist es hinlänglich bekannt, daß ich mich schon 1837 den Bestrebungen der historischen Schule anschloß, wie meine in der Frankfurter Universal-Kirchenzeitung erschienenen Aufsätze beweisen. Für die geschichtliche Betrachtungsweise haben aber die unduldsamen Aeußerungen jüdischer Autoren durchaus nichts Auffälliges: zur Zeit, als diese Aeußerungen an's Tageslicht traten, war auch die christliche Welt unduldsam!

6. Der pädagogisch-didaktische Gesichtspunkt.

יריעת בית רבי שמה יריעה.

Talm. Scheb. 5, a.

Wenn auch der Kongreß den populär-systematischen Religionsunterricht aus den vierklassigen Volksschulen verbannte, so müssen doch die nur einiger Maßen kundigen Mitglieder desselben einräumen, daß dieser Unterrichtszweig in den Kulturländern seit zwei Menschenaltern auch unter den Juden warme, sorgfältige Pflege gefunden hat. Die demselben gewidmete Literatur hat bereits einen beträchtlichen Umfang gewonnen. Welche Aufschlüsse gibt nun diese Literatur über die uns vorliegende Frage?

Die Anschauung Ihres Mitarbeiters, nach welchem das Judenthum auf's Glauben gar nicht reflektirt, kommt in den zahlreichen vorhandenen Religionsbüchern ebensowenig zum Ausdruck, wie die Abravanels, nach welcher die Zahl der Glaubensartikel ungefähr so groß ist, wie die Zahl der Sätze in der Thora. Dagegen sah sich schon Mendelssohn's Freund, Herz Homberg, veranlaßt, die dreizehn Maimonidischen Glaubensartikel an die Spitze seines Elementar-Religionsbüchleins „Ben Jakkir" zu stellen, welches 1814 in Wien erschien [36]). Dieselben fanden nicht nur in den sehr orthodoxen Religionsbüchern, wie in dem von Alexander Behr (1826), Salomon Pleßner (1838) und S. Bloch (1859) vollständige Aufnahme, sondern auch in freisinnigeren, für die jüdische Jugend bestimmten Katechismen. So heißt es in Wessely's biblischem Katechismus, welcher 1863 in mehr als zwanzig Tausend Exemplaren verbreitet war: „Sämmtliche Glaubenswahrheiten der Israeliten wurden auf 13 Grundsätze zurückgeführt, die man auch Glaubensartikel nennt. Glaubensartikel sind Sätze, in denen das Wesentliche und Unterscheidende der mosaischen Religion, das, was jeder Israelit für wahr hält und für wahr halten muß, in kurzen und bestimmten Worten ausgesprochen ist." Wie verträgt sich mit dieser Definition die von Ihrem Herrn Mitarbeiter so laut und feierlich proklamirte Dogmenlosigkeit des Judenthum's?

Ich bitte Sie, nicht dem Gedanken Raum zu geben, daß ich mich deshalb auf die angeführten Religionsbücher berufe, weil dieselben klarer, als andere ähnliche Schriften, gegen die Theorie Ihres Blattes sprechen. Dies ist durchaus nicht der Fall, wie ich Ihnen leicht darthun könnte, wenn ich nicht fürchten müßte, Ihre Geduld auf eine harte Probe zu stellen, wenn ich die ganze jüdische Katechismusliteratur die Revue passiren ließe. Es ist dies auch gar nicht nöthig; jedes beliebige jüdische Religionsbuch wird Sie von der Wahrheit des Gesagten überzeugen.

Die jüdischen Religionsbücher, welche in Deutschland die weiteste Verbreitung haben, legen die Hauptprinzipien Albo's ihrer Darstellung zu Grunde, ohne jedoch die Maimonidischen Artikel auszuschließen. Letzteres thun in Rücksicht auf den zwölften und dreizehnten Glaubensartikel die Anhänger der jüdischen Reformation [37]). Das Glaubensbekenntniß derselben wird von den Konfirmanden in der Hauptsynagoge zu Frankfurt am Main in nachstehender Form niedergelegt:

1. Es lebt ein Gott, ein einziger Gott, der Schöpfer aller Dinge, der Erhalter aller Wesen, der Versorger alles Lebendigen, ein Gott der Geister, ein Herr und Vater aller Menschen. Herr der Heerschaaren ist sein Name! Hoch thronet Er, der Große, Mächtige und Erhabene, der da war, der da ist, der da sein wird in Ewigkeit! Er ist unser Gott, kein Anderer! Das ist die Wahrheit. Unser Geist freut sich der göttlichen Wahrheit.

2. Gottes erstes Wort war: Licht, und Licht ist sein ewiges Gebot. Nacht bedeckte die Erde, und Finsterniß die Nationen, da erwählte Gott Israel zu seinem Dienste, Jakob zu seinem Eigen-

thum. Vom Sinai aus verbreitete sich sein Glanz über die Welt; die zehn Aussprüche legt er zu Grunde, worauf gegründet ward sein ewiger Bau. Die Propheten erleuchtete sein Geist, Moses that er kund seinen Willen. Moses Lehre ist wahrhaftig. Unser Herz freut sich des göttlichen Gebotes.

3. Gott regieret und richtet die ganze Welt in Gerechtigkeit und Gnade. Die Seele ist aus Gott, unsterblich, frei, zurechnungsfähig. In Leiden und Freuden, lohnend und strafend, führt sie Gott zu einem höhern Dasein. Und er führt auch die Menschheit, in ihrer Mitte seine Gemeinde Israel, zu einem erhabenen Ziel am Ende der Tage. Einst kommt sein Reich, das Reich des Allmächtigen: „an jenem Tage wird der Ewige einzig und sein Name einzig sein." Unsere Seele freut sich der göttlichen Verheißung. „Dieses Glaubensbekenntniß, welches den persönlichen Messias und die Auferstehung fallen läßt, ist ohne Zweifel nicht orthodox; dadurch liefert es aber den schlagenden Beweis, daß auch die reformirten Juden weit entfernt davon sind, ihre Kinder dogmenlos erziehen zu wollen; dem Judenthum den Charakter einer positiven Religion zu bewahren, sind, wie dieses Glaubensbekenntniß unwidersprechlich zeigt, auch sie beflissen.

Dieses Streben thut sich auch rücksichtlich der S i t t e n l e h r e kund. Die hierauf bezüglichen Fragen und Antworten der Frankfurter Konfirmation lauten, wie folgt:

1. Frage. Und wollet ihr demnach auch Gott, dem Herrn, treu und anhänglich sein, Ihn zu lieben mit ganzem Herzen, ganzer Seele und ganzem Vermögen? — mit ganzem Herzen: in Heiligung des guten und Unterwerfung des bösen Triebes; mit ganzer Seele: auch wenn man euch das Leben nähme; mit ganzem Vermögen: so daß euch für Gott kein Opfer zu schwer falle; daß ihr ganz seid mit Ihm, eure Würde als Menschen bewahret, eurer Bestimmung als Kinder Gottes treu bleibet, daß ihr euch in eurer Jugend heilig haltet, damit ihr heilig werdet, denn heilig ist der Ewige, euer Gott — nehmet ihr euch vor, also zu wandeln vor dem Herrn?

Antw. Ja, das wollen wir! — Gott sei unser Vorbild!

2. Fr. Und wollet ihr ferner, Söhne und Töchter Israel's, euch eures Berufes und eurer Würde als Israeliten eingedenk blei-

ben? zu heiligen den Namen Gottes unter den Menschen, euch in allem Guten auszuzeichnen und stets so zu handeln, daß ihr der Religion unserer Väter Ehre bereitet, daß auch durch euch der Bund Gottes verherrlicht, das Bekenntniß des Einzigen in Israel und in der Menschheit befestiget werde — nehmet ihr euch vor, also zu wirken als Israeliten?

Antw. Ja, das wollen wir! Gottes Wort sei unser Licht.

3. Fr. Und wollet ihr endlich während eures ganzen irdischen Lebens des jenseitigen eingedenk bleiben; nie vergessen, daß eine unsterbliche Seele in euch wohnet, ein Hauch des Allmächtigen, der euch vernünftig macht; damit ihr dieses Leben als den Vorhof des jenseitigen betrachtet, schon in der Jugend des Todes gedenket, um euch für ein höheres Dasein zu vervollkommnen; daß einst bei eurem Abtreten von der Welt gesegnete Spuren von euch hinterbleiben, und durch euer Wirken das Reich der Liebe und der Gottesfurcht, das Reich des allmächtigen Gottes gemehrt und gefördert werde — nehmet ihr euch vor, also zu leben auf Erden?

Antw. Ja, das wollen wir, und Gott mög' uns beistehen!"

Ihr geschätzter Mitarbeiter, der als Heros der Dogmenlosigkeit auftritt, desavouirt demnach unsere ganze pädagogisch-didaktische Literatur, die orthodoxe und die reformatorische. Diese Literatur enthält aber den Samen, der in den weitesten Kreisen dem Geiste und dem Herzen der jüdischen Jugend anvertraut wird damit er Früchte trage, „die Gott und Menschen erfreuen!"

Die verschiedenen theologischen Richtungen treten natürlich auch in den Religionsbüchern hervor. Das nach dem Vorbilde Holzapfel's gearbeitete Würtembergische Lehrbuch der israelitischen Religion spricht von der Unzulänglichkeit der Vernunft nicht so entschieden, wie Dr. Feilchenfeld; die Nothwendigkeit der Offenbarung wird aber der Jugend auch in diesem Lehrbuch eingeschärft. Dr. Feilchenfeld lehrt: „Unsere Glaubenslehre enthält solche Lehrsätze, welche die menschliche Vernunft allein gar nicht oder nur mangelhaft erkannt haben würde, die aber jeder Israelit für wahr zu halten verpflichtet ist, weil sie von Gott selbst offenbart und als solche uns von glaubwürdigen Personen mitgetheilt worden sind. Wer diese Glaubenssätze der israelitischen Religion im innersten Gemüthe für vollständig wahr hält, ohne sie irgendwie zu bezweifeln, und zwar in dem Grade, daß er bereit ist, ihnen gemäß jederzeit sein Leben einzurichten, ist ein **gläubiger Israelit.**" Die Lehrsätze, von denen hier die Rede ist, sind offenbar nichts Anderes, als — **Dogmen!!**

In Deutschland wurde die Frage, ob der jüdischen Jugend Glaubensartikel zu lehren seien, auch wissenschaftlich ventilirt. Abraham Alexander Wolff, Rabbiner zu Gießen [38]) und Verfasser eines Religionsbüchleins, ließ sich zuerst über die Frage vernehmen. [39]) Ihm war schon 1826 klar geworden, was Ihr Mitarbeiter 1870 nicht einzusehen vermag, daß nämlich Mendelsohn's Theorie vom Glauben „nach allen, seit der kritischen Philosophie entstammten, philosophischen Systemen" unhaltbar geworden ist. Da er aber andererseits auch dieser Theorie gerecht werden möchte und überdies, wie Abravanel, alle Worte der Schrift für fundamental erklärt, gelangt er zu keinem klaren und bestimmten, gelichteten und gesicherten Resultate.

Mit einer bis dahin unbekannten Entschiedenheit forderte Freistadt 1833 die Aufnahme der Glaubensartikel in den Jugendunterricht. Er transagirt nicht mehr mit der Mendelsohn'schen Theorie; er spricht es unumwunden aus, daß die Leibnitz-Wolfischen Demonstrationen, die den religiösen Glauben überflüssig machen sollten, einem überwundenen Standpunkte angehören. [40]) Eine theilweise Widerlegung seiner Anschauungen wurde 1838 erfolglos versucht; aber auch Freistadt's Antagonist gibt zu, „daß das Wesen **jeder** Religion, und somit auch das der **jüdischen**, darin bestehe, daß sie **ihre Bekenner zum Glauben an gewisse Wahrheiten verpflichtet**, und daß Jeder, der sich eine Religion ohne gewisse Glaubenssätze denken wollte, ihr Wesen durchaus verkennen müßte. Er würde den Begriff, den Jedermann mit dem Worte Religion verbindet, in seinen Gedanken zerstören, und in dasselbe etwas hineinlegen müssen, was zufällig nur für ihn allein Bedeutung haben könne." [41])

Die authentischen Kundgebungen des Kongresses berechtigen zu der Annahme, daß derselbe ebenfalls von dieser Anschauung durchdrungen war; wie hätten sonst die Kongreß-Statuten zu wiederholten Malen vom Unterrichte in der jüdischen **Glaubenslehre** sprechen können? In den jüdischen Schulen in Pest, werden, nach den erschienenen Religionsbüchern[42]) zu urtheilen, die dreizehn Maimonidischen Glaubensartikel der Jugend eingeprägt. Macht also die Schulkommission der Pester Gemeinde Opposition gegen den „höchsten Satz im Programme" der Kongreßmajorität?

Sie sehen hieraus, daß es eigentlich gar keiner theologischen Belesenheit bedarf, um der Doktrin Ihres Blattes mit Erfolg entgegenzutreten. Die schulbesuchenden Knaben und Mädchen besitzen Religionskenntniß genug, um ihre dogmenlosen Väter zu belehren. Dieses Mißverhältniß rührt daher, weil die Väter in ihrer Kindheit keinen populär-sistematischen Religionsunterricht genossen haben, so daß ihnen in diesem Stücke keine Reminiszenz zu Gebote steht. In Deutschland ist's mit diesem Unterrichtszweige seit langer Zeit anders bestellt. In der Konsistorialschule zu Kassel wurde schon 1809 der populär-sistematische Religionsunterricht ertheilt, wozu Heinemann einen kleinen Katechismus verfaßt hatte. In demselben Jahre nahm Maimon Fränkel die erste Konfirmation vor. Dem von ihm selbst verfaßten Berichte darüber sezte er als Motto die Worte Mendelssohn's vor: „Die Religion kennt keine Handlung ohne Gesinnung, kein Werk ohne Geist, keine Uebereinstimmung im Thun ohne Uebereinstimmung im Sinne. Religiöse Handlungen ohne religiöse Gedanken sind leeres Puppenspiel, kein Gottesdienst."

In Ungarn erschien das erste jüdische Religionsbuch 1826, also in demselben Jahre, in welchem Ihre Vorgänger, Rapoch und Chorin, mit ihren Organisationsentwürfen hervortraten. Das Opus fand nur sehr geringe Verbreitung, und da es in keiner Bibliographie angeführt wird, gestatten Sie mir wol, einige Worte darüber zu sagen.

Der Titel des Büchleins lautet: תורה דת ישראל Israelitische Religionslehre zum heilbringenden Unterricht für die israelitische Jugend, nebst einer schönen Sittenlehre für alle Glaubensgenossen von Mos. Sam. Neumann. Pest, 1826. Gedruckt bei Mathias Trattner, Edlen v. Petrócza (8. VIII. 65). In der Vorrede sagt der Verfasser: „Ich halte bei der Bearbeitung dieses wichtigen und nothwendigen Unterrichtes die größere Menschheit der Schul- und Privat-Jugend, d. i. das mittlere Genie, vor Augen." Wiewol nun Neumann, der zu den fruchtbareren jüd.

Schriftstellern seiner Zeit gehörte, den populär-systematischen Religionsunterricht schon 1826 für wichtig und nothwendig erklärte, wurde auf diesen Unterricht dennoch wenig Gewicht gelegt. Daher kommt es, daß Männer, die auf die Angelegenheiten des ungarischen Israel's einen bedeutenden Einfluß ausüben, das Judenthum für dogmenlos erklären.

7. Der liturgische Gesichtspunkt.

יערף כמטר לקחי, מה מטר זה
יורד על האילנות נותן טעם לכל
אחד ואחד מהן לפי מה שהוא כן
התורה יש שמחכמת ויש שעשה
אותם חסידים.

Midr. Jel. Tob 5 M. 32, 2.

Ihr geschäzter Mitarbeiter findet es unverzeihlich, daß ich das Vorgehen des Kongresses als das Erzeugniß eines oberflächlichen Dilettantismus bezeichne. Und dennoch drückt er selbst seiner gegen mich gerichteten Polemik den unverkennbaren Stempel eines solchen Dilettantismus auf. Dies wird Ihnen wol schon aus dem bisher Gesagten klar geworden sein. Den eklatantesten Beweis dafür liefert aber ein Passus, dessen erster Theil bereits oben gewürdiget wurde, und den ich hier seinem vollen Umfange nach anführen muß. Derselbe lautet: „Wem fiele es bei, mich einen Ketzer zu nennen, wenn ich die Freiheit hätte, mich an die trichotomische Dogmatik des Albo zu halten, während mein Gegner die liturgisch sanktionirte des Maimonides vorzöge?"

Das Judenthum, welches gar keine Dogmen haben soll, wird hier mit liturgisch sanktionirten Dogmen ausgestattet!

Wie ist dieser Widerspruch zu erklären? — Sehr einfach. Ihr geschäzter Mitarbeiter bleibt die Erklärung nicht schuldig. Er sagt: „Wisse, lieber Leser, daß ich in theologischen Dingen gedankenlos dilettire. Ich möchte konservativ sein: daher verkünde ich, daß das Judenthum nichts Höheres kenne, als die Ausübung der herkömmlichen Stammestugenden und der herkömmlichen Gebräuche. Ich folge aber zugleich dem Paniere der Freisinnigkeit; daher streite ich mit Leib und Seele für die These: das Judenthum kennet gar keine Dogmen! Damit mich aber nicht der Vorwurf treffe, daß ich den Jigdal-Hymnus ignorire, beschränke ich meine These, indem ich erkläre: das Judenthnm kennet keine nicht sanktionirte, wol aber liturgisch sanktionirte, d. i. solche Dogmen, welchen in der Liturgie ein Platz eingeräumt ist, und die solchergestalt dem religiösen Glauben der Synagoge einen prägnanten Ausdruck verleihen."

Sie erinnern sich wol noch an die zahlreichen Artikel, welche seiner Zeit im Pester Lloyd erschienen sind, um die Opposition der Orthodoxie gegen die Fortschrittspartei zurückzuweisen. In einem dieser Artikel wird mit vielem Nachdrucke betont, daß die Liturgie der Fortschrittspartei sich von der Orthodoxie nicht wesentlich unterscheide. Da sich nun dies wirklich also verhält; und da manche gemeinschaftliche liturgische Stücke dogmatischen Inhaltes sind; so gibt Ihre Partei sich selbst ein Dementi, indem sie in Ihrem Blatte der Dogmenlosigkeit des Judenthums das Wort reden läßt. Ihr geschätzter Mitarbeiter irrt noch besonders in seiner Voraussetzung, daß die Maimonidischen Glaubensartikel das einzige dogmatische Element der jüdischen Liturgie bilden. Auch die ältesten Bestandtheile der Liturgie enthalten solche Elemente. Veränderte dogmatische Anschauungen haben daher in den reformirten Synagogen Deutschlands, Englands und Amerika's auch bedeutende Modifikationen der herkömmlichen Liturgie erzeugt: Modifikationen, die nicht nur die Sprache, die Anordnung und den Umfang, sondern auch den Inhalt des liturgischen Materials zum Gegenstande haben. Ganz neu ist diese Erscheinung nicht. Aus dem Boden der Kabbala entwickelten sich im sechzehnten und siebzehnten Jahrhundert ebenfalls neue liturgische Keime; lebhafte Diskussionen riefen auch die kabbalistischen, namentlich Lurianischen Neuerungen im Kultus hervor.[43]) Joseph Ergas, der 1710 in Livorno für die kabbalistische Reform Partei ergriffen hatte, sagt unter Anderem: Es ist eine verkehrte Behauptung, daß kein Gebrauch geändert werden dürfe, weil dies zu Streitigkeiten führe. Denn aller Streit hat ja ein Ende, sobald die Wahrheit an's Tageslicht gebracht, und die Richtigkeit der kürzern Formel (eines Gebetes, um welche es sich handelte), nachgewiesen ist! Den bisherigen Haber riefen nur die kleinen Füchse hervor, die den Weinberg des Herrn Zebaoth verwüsten, und die dem Grundsatze Eingang verschaffen wollen, daß alle gesetzlichen Vorschriften das Herkommen nicht zu verrücken vermögen. Wird diesen Opponenten das Gegentheil ihrer Ansicht klar gemacht, so werden sie die Hand auf den Mund legen, und über den streitigen Gegenstand gar nicht mehr reden." 44)

Ohne liturgische Manifestation lief auch der Sabbathai-Zebi-Schwindel nicht ab. Die Sabbathäer hatten eigene, ihre dogmatischen Anschauungen abspiegelnde, Gebete und Gesänge, ja sogar ein eigenes Kibbusch für die Fasttage, welche von ihnen als Festtage gefeiert wurden. Manche liturgische Pièce, deren Urheber nicht bekannt war, wurde von der Orthodoxie als sabbathäisch verdächtigt. So hatten dogmatische Differenzen in der Regel auch liturgische Differenzen in ihrem Gefolge; dogmenlos hingegen ist selbst die Liturgie der radikalsten Reform nicht. Sollten Sie daran zweifeln, so lesen Sie nachstehendes Glaubensbekenntniß, welches Proselyten in den reformirten Synagogen Amerika's ablegen: „Ich bekenne vor Dir, allgegenwärtiger Gott: Du bist ein einig-einziges Wesen und theilst Deine Herrlichkeit nimmer mit einem Andern; Du bist der unergründliche Geist aller Geister, der nimmermehr eine Gestalt annehmen kann von irgend einem Wesen am Himmel oder auf Erden; Du bist der Vater aller Menschen, der uns in seinem Ebenbilde geschaffen, unsern vernünftigen Geist mit Freiheit und Unsterblichkeit ausgerüstet und dadurch zu seinem Sohne erhoben hat; der Mensch ist, wie alle anderen Wesen, rein und gut aus Deiner Hand hervorgegangen, frei von sündhaftem Zustande geboren und besitzt die natürliche Fähigkeit, die Sünde ganz und gar zu bewältigen; er hat die Bestimmung, in Deinen Wegen zu wandeln, Dich, den Hochheiligen, in seinem ganzen Sinnen und Trachten, Thun und Lassen zum Vorbilde zu nehmen, und auf diese Weise sein inneres und äußeres Leben zu heiligen; die Lehre und das Gesetz solcher Heiligung ist Mosche, dem größten aller Propheten, auf dem Berge Sinai von Dir geoffenbaret worden, und die Treue gegen diese Lehre und dieses Gesetz bereitet schon im diesseitigen, besonders aber im jenseitigen Leben Glückseligkeit; die innige Gemeinschaft zwischen Dir, Allerheiligster, und dem Menschen geschieht durch keine andere Vermittlung, als durch den uns innewohnenden unsterblichen Geist und durch strengen Gehorsam gegen Dein geoffenbartes Wort, und auch der Sünder findet Sühne und Erlösung, wenn er in aufrichtiger Reue zu Dir zurückkehrt. Du hast Israel zu Deinem Priestervolke erwählt, welches die Lehre von Dir, dem Einig-Einzigen, und Deinem heiligen Willen allen Bewohnern der Erde mittheilen soll, und durch seine Vermittlung wird einst die wahre Erkenntniß und Verehrung Deines Namens ein Gemeingut aller Menschen werden, und so die Zeit einer Verbrüderung aller Völker, die Zeit des wahrhaft messianischen Reiches kommen. Und zum Eintritte dieser verheißenen Zeit aus allen Kräften beizutragen — durch getreuen Wandel nach Deinem Worte, durch ein reines Leben in Licht, Wahrheit und Tugend, Dir zur Ehre und Verherrlichung, ist die besondere Verpflichtung aller derer, die sich zu Deiner Priestergemeinde zählen. So lange ich lebe, will ich nimmer ermüden in der Erfüllung der Pflichten, die es mir gegen Dich, gegen Israel und gegen alle meine Mitmenschen auferlegt. Nimm wohlgefällig auf, o Gott, der Du mich erleuchtet mit der Erkenntniß Deiner Lehre, dies mein Gelöbniß aus ganzem Herzen und ganzer Seele, und hilf mir, die angelobte Treue Dir stets wahren, daß ich den uralten und doch ewig neuen Bund immerdar als Siegel auf meinem Herzen trage und noch im lezten Odemzuge im lohnenden Gefühle meines Seelenfriedens ausrufe: Höre Israel, der Ewige ist unser Gott, der Ewige ist einzig." [45])

Der Orthodoxie muß dieses Glaubensbekenntniß als Freigeisterei, den Darwinianern als krasser Aberglaube erscheinen. Dem reformirten Juden ist dessen Inhalt ein reicher Schatz göttlicher Lehren, herzerhebender Wahrheiten und tröstlicher Erkenntnisse. Den dogmatischen Charakter dieser Lehren, Wahrheiten und Erkenntnisse stellt der unterrichtete reformirte Jude ebensowenig in Abrede, wie der unterrichtete orthodoxe Jude den dogmatischen Charakter seines Glaubensbekenntnisses in Abrede stellt. Und wie die orthodoxe Liturgie eine treue Dolmetscherin der orthodoxen Dogmen ist, so ist die reformirte Liturgie eine treue Dolmetscherin der Dogmen der Reformation. Beide Liturgien protestiren laut und feierlich gegen die Doktrin der Dogmenlosigkeit.

Ich weiß nicht, ob die angeführten Zeugnisse der Exegese, der Philosophie, der Theologie, der Geschichte, des Ritus, der Didak-

tif und der Liturgie hinreichen werden, die Freunde der Dogmen=
losigkeit eines Bessern zu belehren. Möglich, daß Ihr geschäztes
Blatt nach, wie vor bei seiner dogmenlosen Tendenz verharren werde.
Hoffentlich wird es aber in Zukunft das Prärogativ der Dogmen=
losigkeit nur für sein Judenthum in Anspruch nehmen, und sich
hüten den Satz zu wiederholen: Das Judenthum kennet keine
Dogmen!

Die subjektive Dogmenlosigkeit kann sich auf verschiedene Weise
kundthun.

Sie kann lauten: „Die Religionslehren, zu denen ich mich
als Jude bekenne, bin ich im Stande zu demonstriren; ihre
Erkenntniß ist daher für mich ein Wissen, kein Glauben. Dog=
men, d. i. Lehren, die nicht handgreiflich und demonstrabel sind,
und nur auf sittlichen, gemüthlichen, historischen Gründen für wahr
gehalten werden, kenne ich nicht."

Oder: „Mein Judenthum ist meine moralische Gesinnung und
die demselben konforme Lebensweise. Von den Lehrsätzen der Reli=
gion abstrahire ich ganz und. gar. Für mich sind keine Dogmen vor=
handen, da ich dieselben gar nicht in Erwägung ziehe, und nicht
die geringste Neigung empfinde, mich mit ihrem Inhalte zu be=
schäftigen."

Oder: „Mein Judenthum liegt in dem Gefühle meiner Stam=
mesgenossenschaft und in der daraus hervorgehenden warmen und
lebhaften Theilnahme für Alles was das Interesse meines Stammes
berührt. Das dogmatische, überhaupt das religiöse Moment kommt
dabei gar nicht in Betracht." Wie immer indeß auch der subjektive
Antagonismus gegen Dogmen formulirt werden mag, so viel steht
unbestreitbar fest, daß die Dogmenlosigkeit nicht geeignet ist, als
höchster Satz in Ihrem Parteiprogramme zu figuriren. Denn man
kann ja diesen Satz zugeben, ohne daß daraus folgt, daß die Weis=
heit, die in der Kongreßidee liegt, bewundernswürdig, und die
Ausführung derselben mit den Foderungen der Gewissensfreiheit
vereinbar sei.

Schließlich muß ich noch mein Erstaunen über den Vorwurf
ausdrücken, daß ich das Ansehen der Kongreßstatuten untergrabe.
Bis zu diesem Augenblicke haben sich meines Wissens kaum vier
Distrikte definitiv organisirt, und werden die vier Haaßschen

Musterschulen nach wie vor aus dem israelitischen Schulfonde erhalten. Sie werden wol zugeben, daß ich weder jene Unterlassungs-, noch diese Begehungssünde dem Kongresse gegenüber zu verantworten habe. Ich verhinderte auch die Gründung der Talmud-Thora-Schulen nicht, deren Organisation die Kongreßstatuten mit so eingehender Sachkenntniß behandeln, daß sie den „Maharscha" ausdrücklich als Unterrichtsgegenstand signalisiren. Ueberhaupt bin ich weit entfernt, mir einzubilden, daß mich die ungarische Judenschaft für eine „Autorität" hält. Und wie ich das hierauf bezügliche Kompliment Ihres Blattes ablehne, so muß ich mich auch gegen die Insinuation einer Verstimmung verwahren, welche mir in Ihrem Blatte zur Last gelegt wird.

Davon weiß ich mich wirklich vollkommen frei. Was in meinen schwachen Kräften steht, werde ich auch in der Folge thun, daß das Wahre und Gute, das Zweckmäßige und Löbliche emporkomme und gedeihe. Wenn auch Manches, was ich schreibe, bei Schwachen Anstoß erregt; wenn ich auch gegen manches Vorurtheil vergeblich kämpfe, gegen manche Ungereimtheit erfolglos in die Schranken trete: so werde ich doch immer von Neuem der Wahrheit Zeugniß geben, und unbekümmert um voreiliges Lob und ungewogenen Tadel, die Bahn verfolgen, die Gott und mein Gewissen mir vorschreiben.

Anmerkungen.

1) Der jüd. Kongreß S. 145. 2) Izr. Közlöny Nr. 41. S. 340. 3) Geiger, wissensch. Ztschrft für jüd. Theologie. 5, 44. 152. 391. 4) Jerusalem, Werke 3, 311. 5) Das. 321. 6) Das. 319. Nasthali Herz Wessely hat M.'s Eintheilung der Religionswahrheiten in sein Sefer ha-Middoth aufgenommen. S. besonders V. 4. 5. 7) Beresch. R. Kap. 64. Nedar. 33, a. 8) Mischne Thora, Ab. Zara 1, 3. More Neb. 2, 13. Andere lassen Abr. auf dem Wege der Ueberlieferung zur Gotteserkenntniß gelangen. So der Offenbarungsphilosoph Jehuda ha-Levi: Kusari 1, 95. 9) Alterth. I. 8, 2. Vergl. Baba Bathra 16, b. Joma 28, b. 10) Das Prinzip des Mosaismus. Leipz. Fritzsche. 1854. S. 11. 11) Das. S. 13. 12) Jerusalem, Werke 3, 356. 13) Das Princip des Mosaismus S. 12. 13. 14) Jebam. 79, a. S. Mi-Sefer Dibre Schelomo 147, c.: גבר ישראל 15) Lazarus und Steinthal, Ztschrft für Völkerpsychologie und Sprachwissenschaft 1, 343. 344. 16) Sabb. 92, a. Nedar. 38, a. 17) Einl. in die Mischna; M.

Thora, Jesode ha-Thora VII. More 2, 32—38. S. Keß. Mischneh a. a. O. [18])
Micha 6, 8. [19]) Jerem. 6, 16. [20]) Jesaj. 5, 19. 20, 21. 28, 9—22. Jerem.
8, 8. 9. Ez. 8, 12. 9, 9. Pf. 14, 1. 73, 3—11. S. Ben Chananja 1, 53.
[21]) Sanh. 10, 1. Ueber die Bedeutung, welche hier „Epikuros" hat, wird gestrit-
ten. [22]) Quis rerum divinarum haeres. ed. Pfeiffer IV. p. 42. : . . . . $τὴν$
$τελειωτάτην$ $ἀρετῶν$ $πίστιν$ [23]) Mehilta Beschall. 2, 6. Schem. R. Abschn. 23.
[24]) Sabb. 97. a. [25]) Eschkol ha-Kofer Alphab. 29. 33. Jost, Gesch. d. Judenth.
2, 331—338. Aaron b. Elia, der Nikomedier, schickte seinem, 1346 vollendeten,
Werke Ez Chajjim (Lebensbaum) einen poetischen Prolog voran, welchen Delitzsch
für „eine kurze Angabe der im Ez Chajjim behandelten religionswissenschaftlichen
loci" hielt. Zu diesem Zwecke wäre aber derselbe viel zu eng gehalten. Es sind vielmehr die zehn Glaubensartikel der Karäer, welche Aaron auf nachstehende Punkte
bezieht, auf 1. das Dasein, 2. die Einheit, 3. die Unkörperlichkeit, 4. die Allmacht,
5. die Allwissenheit, 6. das Leben, 7. die absolute Existenz und 8. die Güte Gottes, 9. die Offenbarung durch Mose und die Propheten, 10. die Vergeltung. Diese
Artikel ergeben sich aus einer sorgfältigen Analyse des Gedichtchens und einer Vergleichung desselben mit den zehn Principien des Kelam, welche von Jehuda ha-
Levi angeführt werden (Kusari 5, 17.) Aron's Gedichtchen lautet:

Es ist ein Gott, der einzig ist und einig, das fühlst du tief, o fromme Denkerschaar!
Daß körperlos, der über Welten thronet, ist deinem Geiste unbezweifelt wahr.
Und reflektirend, nicht nach Hörensagen, erkennst Du Seine Eigenschaften klar:
Er ist allmächtig, weise, lebend, ewig, wer nähm' an ihm je einen Wechsel wahr?
In Weisheit reichet er den Welten allen, den Grund, die Wurzel ihres Daseins dar-
O seiner Liebe väterliches Walten erfährt das Herz, geängstigt von Gefahr.
Und Seine Thora, Seine Offenbarung, enthüllt der Wahrheit Tiefen ganz und gar.
Er gab sie gnädiglich dem Samen Jakob's, der unbewegt dran hält seit Tag
und Jahr.
Er stellte fest, daß treu man ihm gehorche, den Lohn, die Strafe, jenes himm-
lisch Paar.

O Schriftgelehrte, leset hier und prüfet das schöne Werk, das Euch mein Geist
gebar:
Es faßt in sich die Lehren unser's Glaubens, deß hehre Kenntniß mehr den[n]
Perlen rar:
Erfreu't im Eden Euch an Gottes Glanze, wie sich am Sonnenglanz erfreut
der Aar!
Den Lebensbaum, den Geist belebend, nannt' ich's im Namen des, der Hüter ist
und war.

[26]) Rapaport, Chananel 47. 48. [27]) Mischnakomm. Sanh. 10. 1. Ende.
[28]) S. Schlesinger, hist. Einl. zu dem Buche Ikkarim XXXVIII. Anm. 1. —
Chajes, Tifer. le-Mosche 11, c. ff. [29]) Die Reihe der poetischen Bearbeitungen
eröffnet das 72 zeilige Gedicht Immanuel's (Machb. ed. Berlin S. 43—45.)
Dukes, Schlesinger, Steinschneider und Andere übersehen, daß dieses Poem in der
demselben vorangeschickten Einleitung ausdrücklich als erster Versuch einer Ver-

fisicirung der Maimonidischen Glaubensartikel angekündigt wird. Ferner blieb unbemerkt, daß Immanuel, wiewol er die 13 Artikel treu wiedergibt, es dennoch unterläßt, sich an die Maimonidische Anordnung zu halten. Dieser folgt der Vrf. des Jigdal, welchem Imm.'s Arbeit bereits vorlag. Da letzterer seine Dichtungen 1321 sammelte, so kann das Jigdal in keinem Falle einer frühern Zeit angehören. In einem Venetianischen handschriftlichen Pentateuch aus dem Jahre 1398 findet sich die Notiz, daß das Jigdal von einem Daniel b. Jehuda herrühre (S. Mortara, Compendio della religione israelitica. Mantova 1855. S. 229. Anm. 1). Daß es nicht Maimonides zum Vrf. hat, hätte man aus der Fassung des z e h n t e n Artikels ersehen können. — Die dritte Bearbeitung der Maim. G.A. rührt ebenfalls von einem Anonymus her; sie findet sich am Schlusse des Sefer Kerithut von Samson Chinon, welches zuerst 1515 in Konstantinopel erschien, und ist auch in der ed. Kremona 1558 abgedruckt. Die vierte Bearbeitung ist die David Vitals: „Mictham le-David, 1546, S. 93. Nach dem Vorgange Immanuel's setzt auch Vital den 10. Art. an die sechste Stelle. Ein unvergleichliches Kuriosum ist die 1870 bei Traub in Szegedin erschienene hebr. Fassung der 13 Glaubensartikel. ³⁰) Minchath Kenaoth. Preßb. 1838, S. 7. 11. 16. ³¹) Ikkarim 1, 23. Schlesinger hat die Schlußworte dieses Kapitels mißverstanden. ³²) Sabb. 116, a. Gittin 45, b. „Min." M. Thora, Jesode ha-Thora 6, 8. Jore Dea 281, 1. Vrgl. daf. 158, 2. ³³) Teschuba me-Ahaba 1, 110. 112. ³⁴) Beßamim Rosch Nr. 240. ³⁵) Pachad Jizchak Art. N i f f u r. In Deutschland trat die Frage der Autorität des Talmuds 1842 in Breslau in den Vordergrund. Die orthodoxen Rabbinen ergriffen für Tiktin Partei, die reformatorischen für Geiger Lezteie glaubten, daß ihre Entscheidung auch den Anforderungen der Orthodoxie entspreche. Bemerkenswerth ist das Gutachten Fassel's, das sich wirklich an die orthodoxen Normen hält (L. B. des Orients 1843. Nr. 5—8. f. bes. Kol. 85.)
³⁶) Der fünfte Artikel ist — wahrscheinlich aus Zensurrücksichten! — weggelassen; dessen Stellen nimmt die Lehre von der Vorsehung ein. Lezteie bildet bei Maimonides den z e h n t e n Artikel. Homberg und viele Andere vor ihm und nach ihm, die sich nicht die Mühe nehmen aus Maimonides selbst zu schöpfen, setzen die Allwissenheit dafür. Die richtige Auffassung s. bei Abravanel Rosch Emana 19. b·
³⁷) Vergl. Creizenach, Grundlehren des isr. Glaubens in Geiger's Ztschr. f. jüd. Theol. 1, 39. 327. 2, 68. 436. J. Dernburg, das Wesen des Judenthums nach seinen allgemeinen Grundsätzen, daf. 4, 12—18. Siegfried Kann, Kurzgefaßter Unterricht in der isr. Religion S. 28. 29. Liepman'ssohn, Derech ha-Chajim 49—52. ³⁸) Seit 1838 in Kopenhagen. ³⁹) Einige Worte an das Publikum über mein Religionsbuch. Mainz 1826. ⁴⁰) Sulamith 8. Jahrg. 1. B. 1. H. S. 15 ff. ⁴¹) Allgem. Ztg. d. Judenth. II. Nr. 4. S. 14. ⁴²) Von Zilz, Kohn, Wahrmann u. A. ⁴³) S. m. Abhandlung „Kabbalistisch-liturgische Reformen" im Mannheimer-Album. Wien 1864. ⁴⁴) Dibre Joseph, Livorno 1742. Nr. 1. ⁴⁵) Einhorn's Gebetbuch für isr. Reformgemeinden. Baltimore 1858. S. 464 ff ·